JN195968

達人の条件

Requirements for Mastery

16か条に学ぶ「達し続ける」知恵

システマ東京代表
北川貴英

SYSTEMA

BAB JAPAN

はじめに

どんなにおもしろい物語でも、必ず欠点がある。
それは終わってしまうことだ。でも今僕が読んでいる物語には終わりがない。ワクワクしてページをめくるごとに魅力的な人物が現れ、予想外の展開がやってくる。それでいて読み進めるごとに残りページが少なくなっていく寂しさを味わうこともない。それが今、僕が読んでいる物語だ。

僕は今、システマのインストラクターとしてそこそこ知られるようになった。サウナの水風呂で整っている時に「システマの北川さんですよね？」なんて話しかけられた時は、さすがに驚いた。そんな感じで、僕はシステマの伝道師という立場にいるけれども、システマだけでなくあらゆる武術・武道・格闘技の魅力を知ってもらいたいと思っている。それが僕がかれこれ30年も没頭している物語であり、みんなの人生をより良いものにする力に満ちていると信じているからだ。

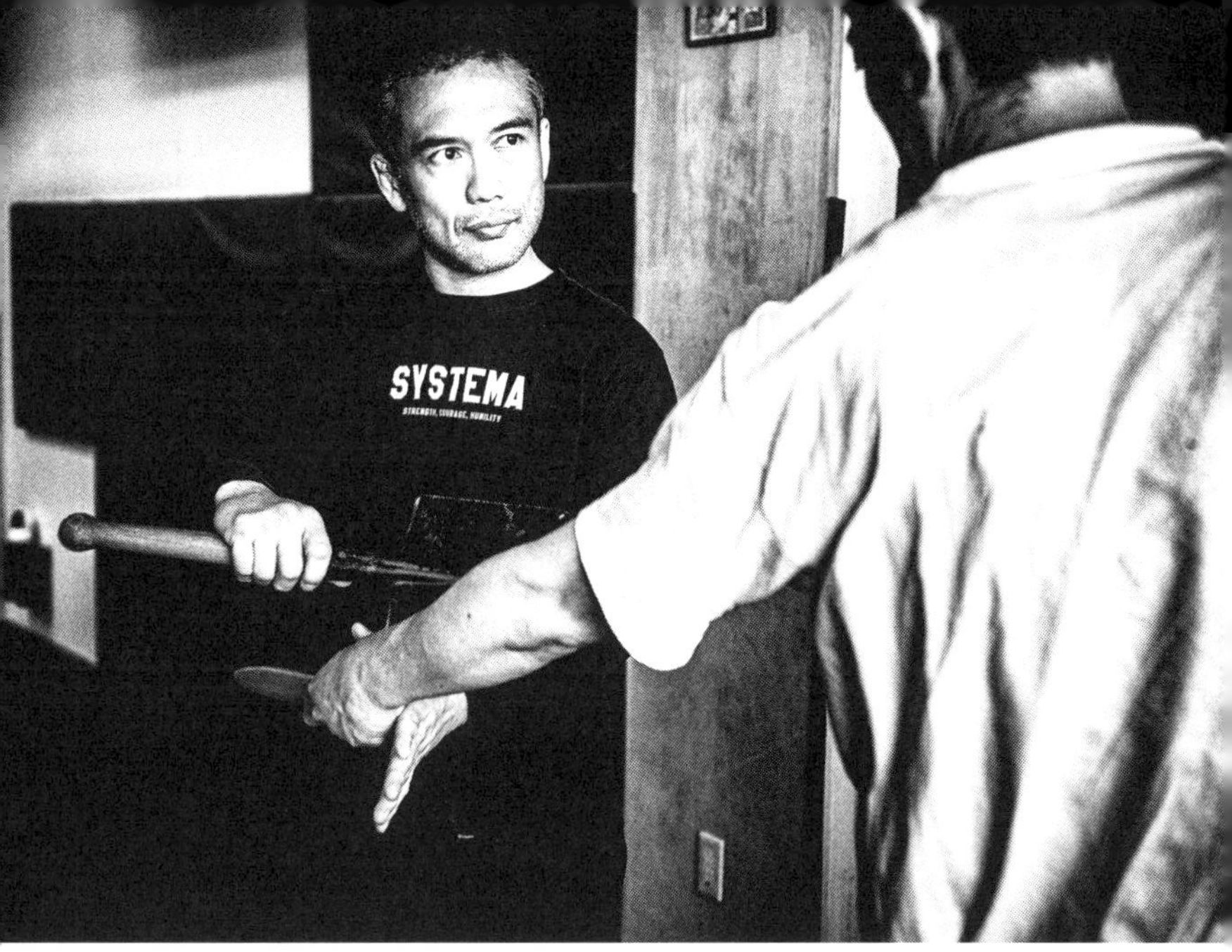

僕自身、武術のおかげで救われた。今の僕からは想像できないかもしれないけど、20代の頃は心療内科で処方された薬に頼って生きていくのがやっとだった。もし武術に出会うことがなかったら、とうに自ら命を断っていたかもしれない。そのくらい、人生に絶望していた。

でも今では人生が楽しくて仕方がない。「若い頃に戻りたい」という人もいるけど、僕にそんな気はさらさらない。これからの人生は、もっと楽しくなる。もちろん不安を感じることもあるけど、こんなに幸せでいいのかと思ってしまうくらい幸せな日々を送っている。それを独占するのはとても申し訳ないから、みんなにおすそ分けしたいといつも思っている。

なぜ、絶望から希望へと真逆の方向に転換したのか。

おそらく、武術は必然的に「死」と向き合うからだろう。

「メメント・モリ(死を思え)」という言葉がある。これはまさに、武術に当てはまる。生きるか、死ぬかという極限を仮想体験するのが武術だ。斬られたり、打たれたりして命を落とす、あるいは相手を殺めることを想定して稽古に取り組むさまが、まさにそれだ。身も蓋もない言い方をすれば、武術とは殺傷技術である。

でもこの「殺傷技術」に向き合うことで、逆説的に「生」に向き合うことになる。

死生観という言葉が言い表しているように、死と生とはコインの裏表だ。

死を学ぶことで、生を知るのだ。

落とした財布がそのまま返ってくるくらい安全な今の日本では、「死」は極力日常から排除されている。一部の職業の人を除いて、人の亡骸に接する機会なんてお葬式の納棺の時くらいだろう。道端の動物の死骸もすぐに撤去される。こうして死が排除されたのは衛生的にはとても良いことだ。でも死と表裏一体である、「生」もまた排除されているのではないか。

少なくとも僕は、武術を通じて「自分は生きていてもいいのだ」と確信することができた。そして「武」の道を歩むにあたって、達人たちの助けを得た。システマを教えてくれたミカエルとヴラディミアはもちろん、システマに出会う前にも、出会ってからも、多くの達人たちと交流したおかげで、歩みを進めることができた。

本書では僕がこれまでに出会った達人たちについて、書いていこうと思う。全員が僕の命の恩人であり、道を指し示してくれた恩師だ。

そして彼らが授けてくれた教えを「達人の条件」として、列挙していく。だから僕の武術遍歴を縦糸に、出会った達人たちを横糸とする形式とした。

敬称について前もってお伝えしておきたい。

本書には多くの指導者の方々が登場するけど、よく知る人に関してはあえて僕が普段呼んでいる呼び名で書くことにした。だから石井東吾先生は「東吾先生」になるし、浅井星光(ほしみ)先生は「ほしみん」になる。また「代表」とか「師範」とか正式な肩書がある場合も、個人的に会う時の呼称に則って「先生」におおよそ統一させていただいた。当然、登場人物の全員をリスペクトしている。

世間的な敬称からはズレるけど、僕なりの最大限の敬意と親しみを込めた表記なのだと理解してほしい。

達人とは決して「高みに達した人」ではない。高みとは到達点ではない。どこまで行っても先がある、開放的な経過点だ。もし高みが到達点だとしたら、先が閉ざされていることを意味する。つまり、どん詰まりだ。そんなところに誰が行きたいと思うだろうか。

達人のみる世界は、開放されて、自由で、見通しのよいものであるはずだ。

言い換えるなら、達人とは「達し続けている人」だ。常にさらなる高みへ、高みへと達し続けている人だ。

誰かと比べる必要はない。昨日の自分より、1ミリでも先に行きさえすればいい。

そうやって、より高みに行こうとする全ての人は、達し続ける人＝達人なのだ。

だから達人の条件は「こうあらねばならない」と押し付けるような、窮屈なものではない。

むしろ逆だ。より自由で、自分らしくあるためのヒントだ。

昨日の自分より、よりよく生きようとする人はみな達人だ。そういう人が溢れれば、世界はきっと良くなるだろう。

本書によって、あなたが達人として覚醒するきっかけとなれば幸いだ。

システマ東京代表　北川貴英

CONTENTS

Chapter 2

確信

Conviction

Chapter 3

交流

Alternating Current

CONTENTS

Chapter 4 伝播 Propagation

CONTENTS

Chapter 1

放浪

Wandering

達人の定義とは?

にわかにYouTubeで知られるようになった「達人」たち。僕はそのほぼ全員と会っているけど、自らを達人と自称する人はいない。

達人と呼ばれるようになったきっかけは、RIZINファイター矢地祐介選手のYouTubeチャンネル「ヤッチくんチャンネル」。その中の企画「達人シリーズ」が発信源となって、達人ブームが起こった。それから「達人」という呼称が定着した。

視聴者の皆さんも、畏怖とか敬意というよりなんだか親しみを込めてそう呼んでくれているので、いちいち訂正するのも野暮な気がして、そのままにしている。

本書では「達人」について、こう定義したい。

達人とは、「達し続ける人」である。

僕自身も「システマの達人」として紹介される時は、このような意味合いで受け止めるようにしている。

その考え方を教えてくれたのは、禅僧として著名な藤田一照(いっしょう)さんだ。『アップデートする仏教』

（山下良道との共著、幻冬舎新書）などの著作で知っている人も多いだろう。僕自身も葉山の草庵で坐禅会に参加させてもらったことがある。野口整体や野口体操などボディワークにも明るい一照さんの、身体性に深く根ざした坐禅はとても新鮮な体験だった。一照さんとは書籍やイベントなどで何度かお話をさせていただいたが、ある時こう話してくれた。

「もし悟りというものが『悟っておしまい』なら、それはただのどん詰まりだ」

本当の悟りとは、決して行き止まりではなく、さらに見通しが良くなるものであり、次から次へと現在進行系で悟り続けるもののはずなのだ、と。

常に変化し、進化し続ける人へ――

僕自身もなんとなく「悟りの境地」みたいなものがあるのかと思っていただけに、「そんなものはどん詰まりだ」と言い放つ一照さんの言葉に衝撃を受けた。

同時にとても気持ちがラクになった。

誰もが等しく、道半ばなのだ。もし「達した」と思ったとしたら、それはどん詰まりをゴールと勘違いしているだけだ。だから発展途上な自分を悔いたり、責めたりする必要はない。どん詰まりにぶち当たって満足しているよりずっとマシなのだ。

僕が出会った達人たちはみな、「達し続ける人」たちだ。「達した人」ではない。みな発展途上で、より高いところ、高いところへと歩み続けている。だから変化し、進化し続けている。

停滞した水は腐る。人間にも同じことが言えるだろう。転がり続けるからこそ磨かれ、動き続けるから新鮮でいられるのだ。

本書を始めるにあたって「達人」を「達し続ける人」と定義したい。これを本書で紹介する「達人の条件」の一つ目としたいと思う。

達人の条件①……………「達し続けている」

筋力を超えた世界

武道に関する僕の最初の記憶。それは幼い頃、母の買い物先のスーパーの裏手にあった、古めかしい木造建築だ。

富岡八幡宮と深川不動尊が並び、夏は水掛祭りが催され、飛び交う水飛沫の中、無数の神輿が練り歩く。そんな下町、深川の一角だ。鉄筋コンクリート建築が林立する中で、そこだけまるで時の流れから取り残されているようだった。

東京の下町で生まれ育つ
（中央に著者、４歳頃）

あそこはなにをするところなのか？　そう母に尋ねると「武道をやるところ」との返事。剣道か柔道か、ほかの武道なのかはわからない。母は根っからの都会派で、武道なんていう汗とカビの臭いのする世界に無関心だったから仕方ない。

結局、そこで武道を学ぶことはおろか、足を踏み入れることもなかった。でも幼心に、

「武道」という何やら厳かな世界があるらしいということが刻まれた。

実際に僕が武道の道に足を踏み入れるのはずっと後のことだ。まず僕は多くの武術家がそうであるような、「ケンカに強くなりたい」という動機ではない。でも別に平和的な性格だったわけでもなくて、単に身体がずば抜けて大きかっただけだ。今でこそ中肉中背、日本人男性の標準的な体型だけど、妙に早熟で中学2年生の頃には今とほぼ同じ体格になっていた。だから大人と子どもほど体格の違う同級生とはケンカにならなかった。

幼稚園児の頃の友達と並んでいる写真を見ると、遠近法が狂ってるんじゃないかと思うほど、身体のサイズが違う。頭部に至っては小柄な友達の2倍以上あるんじゃないかというくらいデカい。だからケンカになどなりようがない。

遊んでいる拍子に僕の手足が軽く当たっただけで、ぶっ倒れて泣き出してしまうのだ。泣き声を聞いて駆けつけた先生たちは、泣いているほうに同情して僕を叱りつける。それに腹を立てれば、なおさら悪者扱いされ、しまいには「乱暴者」というレッテルを貼られてしまう。

僕にとって同級生は軽く手が当たっただけでピーピー泣き出して、先生まで巻き込んで総叩きしてくるという非常に気を遣う存在だった。身体が大きいぶんだけ声も大きく、友だちを呼んだだけで「耳が痛い」と苦情を言われた。あまりに頭に来てケンカになりそうなことがあっても、相手は腕っぷしでは敵わないことはわかっている。さっと逃げて仲間を集め、手の届かないところから嫌がらせを仕掛けてくる。

中学、高校ではサッカー部だったのだけど、足りない技術を補うため、フィジカルの向上に力を入れたこともあって「北川の腕力はやばい」と広まった。いわゆる「やんちゃ」なグループに目をつけられることもあったけど、誰も正面切ってケンカを売ってくることはない。体格と筋力で圧倒してしまっていたからだ。

同級生と比べ身体がひときわ大きかった（中央に著者、６歳頃）

こうしたこともあって、僕の中には一貫して「ケンカに勝ちたい」という欲求がない。自分個人がいかに強くても、徒党を組まれたり、権力者を取り込まれたりしたら太刀打ちできない。だから個人レベルでのケンカで勝つことに全く意味が見出せない。それよりも常識や世の中の「空気」に立ち向かえるほうが強いと思ったし、そういう人に憧れた。

そんな強さのあり方を最初に見せてくれた人物がいる。

小学校の時、隣のクラスにいたS君だ。

相変わらず乱暴者のレッテルを貼られて孤立していた僕に味方し「大勢で一人を責めるのは卑怯だ」と唯一かばってくれたのだ。一本気な性格で、間違っていると思ったことには敢然と立ち向かう。だから僕がおかしなことをすると激しく怒るが、そこには筋が通っていたので、不快な感じがしなかった。他のクラスメイトとは明らかに異なる芯の強さが彼にはあった。

聞くところによると彼は「空手」を習っているという。卒業以来、連絡をとっていないので、今となってはどんな空手なのか知る由もない。ただ空手とかいうのを習うと、ああいう強い人間になれるのか…。そう漠然と思ったのが、僕と武道の出会いとなった。

それから数年後、僕は意外な人物から武道の威力を体験させられることになる。父だ。

父は学生時代に体操と柔道をやっていたという。30代後半から肝臓病やがんを立て続けに発症して弱ってしまったが、僕の幼少期にはまだ元気で、公園の遊具で体操の技を披露してくれたくらい身体能力が高かった。

たしか中学受験を控えた時期だったと思う。全く勉強に身が入らず反抗的な態度を取る僕の手首を、父がさっととってひねった。その瞬間、脳天を貫くような激痛が走った。振りほどこうとするほど関節は締まり、身体は床にモップのように押し付けられた。

問答無用の痛みで屈服させるような技だった。抵抗する気はすっかり失せて、むしろ「世の中にはこんな技があるのか」と不思議な感動を覚えた。今思えば、小手返しの一種だろう。後日、聞いてみると父自身、技についての詳細はわからないという。

学生時代、通学路の脇にお寺があり、その境内で槍の稽古をしている老人がいたらしい。変わった爺さんがいると、仲間と冷やかしているうちに仲良くなり、いくつか技を教えてもらったのだそうだ。

父が覚えていたのは僕にかけた小手返しと、いくつかの手の振りほどき方だけ。老人の名前はおろか流儀も知らず、他にもいろいろな技を教わったが忘れてしまったという。しかし父が唯一覚えていた小手返しはやたらと鋭く、高校生になり空手を始めた僕の手も難なく捕まえてひねり倒してしまうほどだった。

その父が若い頃、六本木で飲んだ帰りにチンピラに絡まれたことがあったという。父は電柱の後ろに隠れたが、一緒に飲んでいた友達がたちまちのうちに全員倒してしまった。その友人がやっていたのも、空手だった。「極真空手」だという。その光景が鮮烈だったのだろう。父は僕にこう言った。

「もし武道をやるなら、空手がいい」

こうしたことが印象に残っていたせいだと思う。

高校3年の夏、僕は空手を始めた。とはいえ、やはりよくある「強くなりたい」という動機ではなかった。武道の世界には、枯れ木のような老人が屈強な若者をコテンコテンにやっつけるイメージがある。そういう筋力を超えた力の秘密が、武道の中にあるように思ったのだ。

どれだけフィジカルが強くてもそれだけでは通用しないことを、サッカー部での6年間で痛感していた。テクニック不足を体力で補おうという脳筋的なトレーニングを積んだため、でたらめなフォームなのにフォワードのエースよりも短距離走が速かった。そのくらい身体能力だけ強くても、相手チームに怪我人が出るばかりで、サッカーの実力はからきしだった。

そんな危なっかしいやつを試合に出すわけにもいかないので、試合経験も積むことができず、どんどん落ちこぼれる負のスパイラルにハマり込んでいた。2時間かけて練習試合をしにいって、球拾いだけして帰って来ることも珍しくはない。

練習試合の間もフィールド脇で突っ立って、時折やってくるボールを追いかけながら、ぼうっと考えごとをしていた。レギュラーの選手はどうやって僕よりずっと細い足で、強烈で正確なシュートを打っているのだろうか。きっと身体を巧みに使うことで、筋力よりも強い力を出すことができるのだろう。

思い返せば父にかけられた小手返しもそうだ。病気療養中で痩せ細っていた父の技に太刀打ちできなかった。もしかしたら筋力を超えた技が世の中にあるのではないか。

当時は小遣いがかなり制限されていたため、クラスメイトたちのように学校帰りにカラオケに寄ったりといった、遊びに興じることもできなかった。部活では何も実績を積むことができず成績もそこそこ。学校と家の往復ばかりで遊んでさえいない。

中高一貫の学校を卒業した時の僕は、6年間があまりにも空っぽだったことにかなり焦っていた。男子校だったこともあって6年間で話した異性は家族くらいという有様だ。

この出遅れをどうしたら取り返せるのか。それには、生き方そのものを変える必要がある。

それまでの力任せな脳筋的なあり方では先が見えなかった。人生観そのものを根本から変えなければいけないという危機感に駆られていた。ではそれはなんなのか？

そこでやはり脳裏を掠めたのが、武道の世界だった。ほんの断片的な技でさえ父にあれだけの力を与えた武道の世界には、きっと何か想像を超えた何かがあるに違いない。そう考えたのだ。

そこで僕はプランを立てた。どうやら合気道というのが、力を使わない技術に特化しているらしい。そこに僕に足りないものがある気がする。でも、いきなり力を抜くのも難しいだろう。だからまずは父の勧めていた空手で打撃系を身につけ、武道の素養を身につけてから、合気道をやって本格的に力を抜く練習に励もう。

そもそも僕は運動神経が鈍い。だから似たものからシフトしたほうが、習得もスムーズだろう。空手なら蹴りがあるから、ボールを蹴っていた経験が生きるかもしれない。

選んだのは近所の体育館でやっていた空手教室だ。

黒い道着に恰幅の良い身体を包んだ師範は、道場の正面で雷鳴のような気合とともに指導していた。鍛え抜いた拳は拳頭が全て潰れてソフトボールのようだった。聞くと、電柱を叩いて鍛えたという。生まれてはじめて出会う類の人物だ。

生徒は20名ほどでキッズが半分ほど。残り半分が20代から30代という印象だ。基本動作を練習して、型を覚え、約束組手の練習をする。

初めて体験した空手は正直、全くおもしろくなかった。思ったほどの高揚感もない。かといって、通わない理由もなかった。もしかしたら1回体験しただけの僕にはわからない、空手の魅力があるのかもしれない。やると決めたからにはしばらく続けてみよう。道場に通い始めたのも、そんな消極的な理由だった。

学んだことは家や近所の公園で繰り返す。生まれて初めてやる動作に、身体は全くついてこなかった。まるで自分の身体ではないかのように、ギクシャクしてしまう。

それでも少しずつ突きや蹴りの動作がサマになってくると、稽古がおもしろくなってくる。子どもや女性の先輩方が見せるキレのある技にも憧れた。その体育館での稽古は週1回だけだったので、その先生が他の場所でやっている稽古にも出かけるようになり、少しずつ稽古量が増えていった。

特に好きだったのが約束組手だ。慣れないうちはなかなかタイミングが合わず、動きもぎこちない。でもたまにピッタリとタイミングがあった時の快感は格別だった。うまくいくと驚くほどあっけなく人を倒すこともできる。単純に、その感触が好きだった。

師範は同じ技を二度教えることがない。毎週、異なる技を教える。型の分解とは言うものの、型とその技の関連性がぜんぜんわからない。外見上は全く違う動きに見えるので、説明を聞いてもこじつけのようにさえ思えてしまうのだ。

この型は何を教えようとしているのか？　師範は型からどうやって約束組手の技を抽出しているのか？　そして技にはどんな原理があるのか？　どうにかそれを解き明かして身につけたい。

丸暗記式の勉強が苦手で、理解しないことには先に進めない自分の性分もあって、ヒマさえあれば自転車をこいで御茶ノ水の書泉ブックマートに通うようになった。店員に目をつけられないよう、小一時間ごとに別の書店に移動しながら、武道関連の雑誌や本を何時間も立ち読みするのだ。図書館で手に入る限り全ての空手関連の書籍にも目を通した。

師範は会社員との兼業だったので、稽古時間は最大で週3回程度。だから練習量はそれほど多くはない。それを補おうと空き時間はずっと空手のことばかりを考えて、自分なりのトレーニングに明け暮れていた。

そんなある時、転機が訪れた。

ある後輩がメキメキと頭角を現したのだ。身長が180センチほどあって僕より10センチは高いうえに手足が長く、圧倒的なリーチ差があった。あともう一人、道場にはさらに背の高いアメリカ人もいた。この二人のリーチにはとにかく苦しめられた。

とはいえ冷静に考えれば、同じ人間なのだから、リーチ差は長く見積もっても20センチほどだ。空手には中国武術をルーツとする長い歴史がある。その年月はたかだか20センチ差を埋めるほどの知恵さえ生み出さなかったのか？　その知恵は型の中にあるべきではないのか？　そうでなければなんのための型なのだ？

組手で頭上から降り注ぐ打撃をなんとか受けながら、考え続けた。

アメリカ人のA先輩との組手の時だ。身長190センチはあるA先輩は「体格に勝る自分がパンチを打つと危ないから」という独自の理由で掌底を当ててくる。それも掌底というより指先をこちらに向けた目突きのような攻撃だったので、それで実際に目を突いてしまうことも多かった。

見かねた師範に「拳で打つように」と注意されていたのだが頑なに拒んで、「安全な掌底」と自称する実質的な目突きを繰り出すのだ。ただでさえ遠い間合いが、指の長さの分だけさらに長くなる。

その日の組手でもA先輩は、僕の蹴りも届かない距離から目突きを繰り出してきた。どうにも間合いに入れないけど、まごまごしているわけにもいかない。強引に踏み込んだ瞬間、耳元で破裂音がした。A先輩の掌が僕の左耳を直撃したのだ。「キーン！」という耳鳴りに支配され、あらゆる音が消え去った。

僕は幼児期におたふく風邪の後遺症で右耳の聴力を完全に失っている。だから左耳が聞こえないと、何も聞こえなくなる。

「もう一生、音が聞こえないかも」

そんな覚悟を決めた瞬間、意識がしーんと静まり返った。

A先輩の動きがやけにゆっくりと見えて、身体が勝手に動いた。気づいた時にはA先輩の懐に飛び込んで、中段突きを撃ち抜いていた。

一時的に聴覚を奪われたことで、何らかのスイッチが入ったのだろう。いわゆるゾーンとかフロー体験とかいわれる状態なのだと思う。

『空手の理』から古武術の理へ

これ以降、似た体験が何度が続いた。

相手がどう動くか手にとるようにわかって、自分の拳が吸い込まれるように当たる。僕はそんな風に動く自分を、映画かなにかのように傍観しているのだ。

とても便利な現象なのだけど、難点があった。意図的に発動できないのだ。かなり追い込まれた時にだけ起こるのも都合が悪い。危機に陥っても一定の確率で発動しない「スカ」まであるから、こんな危なかっかしいことはない。だから信頼性としては低いながらも、人間の身体に不思議な力があることを知るきっかけになった。

自分程度のレベルで起こるのだから、より高いレベルで使いこなしている人もどこかにいるに違いない。達人と呼ばれる人たちがいるのは、そういう世界なのだろう。彼らはどのような世界を見ているのだろうか？　それを知りたい。そう思って書籍を読み漁るうち、異色の本と出会った。

柳川昌弘先生の『空手の理』と『続・空手の理』である（共に福昌堂）。

幼い頃に事故で障害を負い、コンプレックスを跳ね返すべく壮絶な稽古を積んだ柳川先生の生き様に圧倒された。師の空手理論は明確で、それまで道場では教えてくれなかったような技術の細かい要点が惜しみなく書かれている。中でも僕が影響を受けたのは、前蹴りについての説明だ。

「足は腰からぶら下がっているように使え」

足腰をしっかり踏ん張り、力いっぱい上足底を蹴り出す。そういうものだと教え込まれていた、それまでの前蹴りとは全く違う。でもなにかピンとくるものがあった。僕は立ち読みを終えて家に帰ると、早速その蹴りを試した。

「ヒュン」。足先が軽く鋭利な刃物のように空気を裂いた。

これまでと全く異なる感覚だ。何度蹴っても、同じように蹴ることができる。むしろ、それまでどう蹴っていたのかわからなくなってしまったくらいだ。

師範に教わったことが『空手の理』のほんの1ページで覆ってしまった（翌週、『空手の理』と『続・空手の理』を書店で買った）。

人間の身体とは、こんな僅かな意識の切り替えでここまで動きが変わるものなのか。もしかしたら柳川空手に答えがあるのではないか。そんな迷いを抱えながら組手をしていた時のことだ。後輩から良い打撃を受けた拍子に、例のフロー状態に入った。それで一歩間違えば大怪我をさせてしまいかねないような、ひどい反撃をしてしまったのだ。

師範が急いで制止してくれたから良かったものの、自分がやりたいことはこんなことではない。体格に勝る相手でも、余裕をもって静かに制圧できるような技だ。

時を経て、柳川昌弘先生の妙技を体感！（2023 年）

空手、ひいては武道はその歴史の中で、僕程度の低レベルなフロー状態を超える知恵を生み出せなかったはずはない。狂乱を圧倒する静けさと精妙な技術が、絶対にあるはずだ。

でも当時の環境では、それらしきものを見つけることができなかった。もちろん、自分の見識が低すぎて見つけられなかっただけかもしれない。柳川先生のもとに通うことも考えたが、道場を移籍することには心理的な抵抗があった。

そこで思い当たったのが、古武術家として名を馳せていた甲野善紀先生だ。

甲野先生のことは『続・空手の理』で知った。柳川先生との交流の様子が書かれていたのだ。書籍によると、「水鳥の足」という独特の歩法で床面をアイススケートのように、滑るような移動をするという。さらに養老孟司氏との共著『古武術の発見』（光文社）などの影響で世間的にもっとも著名な武術家だった。

これほど有名な人なら、世間を納得させるだけの技があるはずだ。当時主流だった28800bpsのモデムでパソコン通信に繋いで情報を集めてみると、ある人が「恵比寿で定期的に稽古会を開催している」ことを教えてくれたので、早速行ってみることにした。

指定された会場はＪＲ恵比寿駅近くのマンションの地下。かなり年季の入った空手道場だった。ほんのりと湿気と汗の匂いがするその空間に入ると、常連らしき人たちがそれぞれバラバラに、各自の稽古に取り組んでいた。

持参した空手着に着替えて待っていると、やがてカツン、カツンと甲高く下駄の音が聞こえて、甲野先生が姿をみせた。袴履きの着物姿。肩に担がれているのは、中身のぎっしり詰まった重たげな荷物袋と刀が入っていると思しき細長い袋。雑誌で見たまんまの甲野先生だ。

甲野先生は手短に挨拶を済ませると、早速稽古に移った。稽古といっても先生が号令をかけるわけではない。それぞれが思い思いに好きなことを始めるのだ。甲野先生は手近な人を捕まえて、最近気づいた技をかけ始める。しかも受け手は思い切り抵抗してもよいという。

僕は人の言葉を真に受けやすい。この時も思い切り甲野先生に抵抗した。僕のガムシャラな受けに甲野先生が手こずる様子を見せた。もしかして防げるかも？　そう思うのもつかの間、甲野先生は恐るべき速度で動きを改良し、全く防げなくなってしまった。

さらに驚嘆したのは剣術だ。僕が甲野先生と向き合い、額からほんの数センチだけ離れたところに切っ先を向ける。甲野先生は切っ先を床に垂れ下げたように構えた下段構えだ。僕はほんの僅かに木刀を落とすだけ。一方の甲野先生はそれを防がねばならない。普通に考えたら僕が圧倒的に有利な状況だが、何度やってもこちらの木刀は甲野先生の身体をかすることもできなかった。

「もし甲野先生がインチキだったら、武術も空手も諦めよう」

僕はそんなつもりで稽古会に参加した。でも甲野先生の技に圧倒されてしまった。そのせいで僕の人生から「武道からきっぱり足を洗って普通に働いて暮らす」という選択肢が消えてしまったのだ。

恵比寿稽古会に通っていた数年間は、環境的にも恵まれず精神的にドン底な時期でもあった。大学を卒業して就職氷河期にありながら幸運にも一部上場企業に入社できたのだけど、あまりに社風が合わず、ひどいノイローゼ状態になってしまった。

家族とも全くそりが合わず、会社を辞めてからの数年間は、心療内科に通って投薬を受けなければ身動きもままならないほどだった。

でも武術の稽古をしている時だけは気が紛れた。重い心と身体を引きずって稽古会に辿り着いたものの、何もする気がせず道場の片隅にしゃがんでいただけのこともある。そんな「負のオーラ」を撒き散らしていたであろう僕を、全く意に介することなく近づいてきてくれたのが、甲野先生だった。

どれだけ精神的に参っていても、僕に気を使ったり優しい言葉をかけたりすることはない。親身なアドバイスをすることもない。ただ自分の気づきを解説し、技を試みる。どんな時も甲野先生は僕を稽古相手の一人としかみなしていない。不思議な感じがするが、当時の僕にとってそんなあり方がとてもありがたかった。

僕の興味はあくまでも、素手の武術であって剣術や居合には向かなかった。先輩方に「甲野先生の術理を理解するなら居合や剣術をやったほうがいい」とたびたび言われ、親切なことに、お古の居合刀をくださった方もいた。でもどうしても剣術には身が入らなかった。もらった居合刀も時々気が向いた時に抜いてみるくらい。

言ってみれば術理は果実だ。それを収穫するのも良いが、僕は術理を生み出す幹のほうを知りたかったのだ。そんなへそ曲がりな僕を放置してくれたのも、ありがたかった。

なにより甲野先生は明らかに僕よりもこの世界で生きにくい。

そもそも「ボ」で始まる3文字の物体がとにかく嫌いで、洋服を着ることができないという。廃刀令が発布されて100年以上経つのに日本刀を携帯し（もちろん公的な許可証を所持しているが）、和服の下駄履きという非常に目立つ服装で生活している。単なるコスプレ的な趣味ではない。そのようにしか生きられないという切羽詰まった事情なのだ。

どう考えても、社会への適合しづらさでは僕と比べ物にならない。でもその生き様を仕事にし、結婚し、子どもまでいる。そんな姿は僕がこの先を生きるロールモデルとして焼き付いた。

著書によると、甲野先生自身も「暗黒の二十代」を過ごしたという。そんなところにも共感を覚えた。

甲野先生の真骨頂は、できないことに向き合って、瞬く間にアップデートしてしまうところだ。僕には良師に巡り会えるような強運はないだろう。だったら「良師に会えない」という前提で方向性を定めたほうが確実だ。もし甲野先生のような、自分自身をアップデートできる稽古ができるようになれば、自力で先に進むことができるはずだ。つまり僕が学ぶべきは甲野先生の術理ではない。稽古のほうだ。

人生のロールモデルになった甲野善紀先生（中央、右は著者の妻・アヤ）

では甲野先生はどうやって稽古を進めているのか？

甲野先生は特定の師に就かないというが、著書『人との出会いが武術を拓く』（壮神社）などの著作を読むと、多くの武術家との交流を通じて学んでいることがわかる。ならば僕も多くの武術家に会いに行くのが良いのではないか。

宇城憲治先生の「呼吸」

もともと空手をやっていた僕にとって、甲野先生からしばしば武勇伝を伝え聞く宇城憲治先生（心道流空手道）はとても気になる存在だった。誰も止めることができない甲野先生の「無拍子打ち」を宇城先生はなんなく止めてしまうという。さらに門下生の前蹴りを下段払いで受けたら、蹴り足ではなく軸足が折れてしまったそうだ。

それでいてもたってもいられなくなった僕は、甲野先生の紹介を得て、なけなしの貯金をはたいて新幹線に乗り、高槻にある宇城先生の道場に行ってみた。

宇城先生の人間的迫力は別格だった。大手企業の代表取締役を務めるなど、ビジネスパーソンとしてもトップクラスの経歴をもつ。波乱万丈のビジネスシーンを生き抜いてきたからこその、自信と胆力がビリビリと伝わってきた。

当然、空手の技も凄まじい。無造作につかんだ腕を軽く引っ張られるだけで、顔面から床に叩きつけられそうになった。また壁を背にした僕を、拳の先で軽く押さえるだけで、ぴったりと固定してしまった。あとで見たら、軽く掴まれたはずの二の腕がアザで真っ赤に染まっていた。ただ、当時の僕に宇城先生の教えはまだまだ難解だった。

もちろん宇城先生は懇切丁寧に教えてくれたのだけど、僕のレベルがあまりに低すぎたのだ。当時の知識不足が悔やまれるが、技を実際に体験することはそれを補って余りあるほどの価値があった。システマにおける「呼吸」の重要性に気づくことができたのも、宇城先生の技の根底に「呼吸」があることを知っていたからだろう。

宇城先生は「百聞は一見にしかず、百見は一触にしかず」と教えている。どれだけ話を聞くよりも、見るほうが早い。どれだけ目で見るよりも、技を受けるほうが早い。

その教えはその後の武術遍歴においても、大きなガイドラインとなった。たとえその時は理解できなくても、頭が追いついていないだけだ。身体はその感触を記憶し、いつか自分の動きの一部になる。だからわからなくても、まず技を受ける。そうやって身体で学ぶ

武術レベルだけでなく、凄まじい人間的迫力を感じた宇城憲治先生

ことに勝る方法はない。頭での理解はずっと後で構わない。

宇城先生のこの教えを知った時、「これならできそうだ」と思った。僕には才能がない。ずば抜けた根性もない。だったらすごい人にたくさん触れて、学びの糧としよう。

達人の条件②……………

「一触から学ぶ」

高岡英夫先生の「脱力」

すごい人にはできるだけ会いに行く。そう心に決めてから、気になる先生にはあの手この手で会いに行くことにした。

『月刊秘伝』でも高名な高岡英夫先生とお会いしたのもその一環だ。高岡先生とは、とある雑誌の企画を通じて、お会いした。

「格闘技に興味のある若者」として紹介されたこともあって、高岡先生としては僕たちに試合で結果を出させることで、自身のメソッドの有効性を証明したかったのではないかと思う。僕自身は試合に興味がなかったので、その期待に沿うことはできなかったのだけど、高岡先生に学んだことはとても大きな財産となっている。

練習したのは、ゆる体操と高岡先生の提唱する中心軸「センター」を養成する「軸タンブリング」。並行して、身体運動についての講義を受けた。僕がそれなりに身体運動を論理的に分析する視点が身につけられたのは、この時の講義のおかげだ。知的な理論派という印象が強い高岡先生だが、武術家としての実力を思い知らされる出来事があった。

ある日の指導中、「ゆるんだ足で蹴るとこうなる」という手本として、高岡先生が僕の腹部に軽く前蹴りを入れたのだ。足先で軽く触れる程度のモーションで、痛みも衝撃もない。でも巨大な綿の塊が当たったかのような感触で僕の身体はふんわりと浮かされ、危うく商品棚に激突しそうになったのだ（とっさに高岡先生が僕の手をつかんでくれたおかげで事なきを得た）。

高岡先生との押し相撲もすごかった。四つに組んで押し合うのだが、ゆるゆるとこちらの力をいなしながら高岡先生がゆったりと前進するのを、全く止めることができないのだ。高岡先生の指導は、僕にとって大きな転機となった。

「脱力」の感覚をつかめたことで、動きへの認識がガラリと変わった。脱力の威力を実感できたのは、やはり高岡先生によるところが大きい。

ただその感覚をつかみ始めたばかりの時期には、まだその感覚に対する不信感があった。確かに脱力して得た「重い拳」は人体に重く作用する。でももしかしたらこれは錯覚ではないのか？　物理的な威力はどう変化しているのだろうか？

当時はまだ完全に空手道場を辞めたわけではなく、気が向いた時には顔を出していた。ある時、稽古を覗きに行くと試割りをしている最中だった。師範が調達する板は武道具店で売っているような試割用ではない。知り合いの建材屋で余った板切れだ。「安いから」という単純な理由である。

建材用の板は当然のことながら、試割用より頑丈だ。試割用の板は割れやすい木目が入っているものが多いのだが、建材用はそうではない。その時、門下生たちが割れずに手こずっていた板が、まさに割れにくい板の典型

ゆるんだ身体の威力を教えてくれた高岡英夫先生は、達人理論の先駆者である

だった。渦巻状の節が真ん中に鎮座しているのだ。

「北川もやってみろ」と師範に促されて、トライすることになった。

高岡先生に習った「重い拳」を試す良い機会だ。板を置いて身体をゆるめ、重力に任せて拳を落下させる。

「パカンッ！」

散々、皆を苦しめていた板があっけなく真っ二つに割れてしまった。もしかしたら何度か失敗する間にヒビが入って弱くなっていたのかもしれない。でも真面目に先生の言うとおりにしている門下生を差し置いて、練習をサボって得体の知れない武術に精を出している僕が成功してしまう。これほど気まずいことはない。

いたたまれなくなった僕は、そそくさと退散した。それっきり空手道場にはほとんど行かなくなってしまった。

ただ「重みの体感は、物理的にも作用する」ことを実際に確かめられたのは大きかった。

僕がシステマにすんなり馴染めたのも、ほんの初歩ながら高岡先生にゆるメソッドを学んでいたことが影響しているのは間違いない。高岡先生は武術家としても理論家としても、いずれも高い実力をもつ紛れもない達人だと思う。

特に近年は、言語化に長けた格闘家や武術家が増えた。おかげでかつて多く見られたような、理論的に破綻している言説が「よくわからないけどなんだかすごい教え」としてまかり通ってしまうことも少なくなったように思う。身体運動の言語化に関して高岡先生が先駆的な役割を果たしたことが、こうした潮流の一つの源になったのは確かだ。

達人の条件③……「言語化に長けている」

野口整体の「活元運動」

会社を辞めた後、僕はバイトや派遣社員など、職を転々としながら武術の稽古を続けていた。鬱々とした精神状態で自室にこもっているばかりでは人生、詰んでしまう。なんとかして外界との接点をもったほうがいい。そう心療内科の先生に勧められたこともあった。いちばん長く続いたのは、ドトールコーヒーでのアルバイトだ。

武術の稽古で気が紛れるのだから、バイトも武術にしてしまえばよいのではないか？　そう思って、自分なりのオペレーションを組み立てたことがある。「多要素同時進行」「井桁(いげた)術理」といった甲野先生の術理をもとに、ドリンクの提供やフードの調理といった作業工程を全て見直したのだ。立ち位置、パンを焼くタイミング、冷蔵庫に手をのばす角度などなど、細かな動作を洗い出し、最短距離を割り出していく。

その効果は目に見えて現れて、お客さんの殺到するランチタイムでも、待たせることなく提供できるようになった。ミラノサンドの切り口にまでこだわり、いまだかつて僕以上にキレイにミラノサンドを切れる店員さんを見たことはない。

この「ドトール武術」と同時期にハマっていたのが、野口整体の創始者として知られる野口晴哉(はるちか)師の世界だ。ドトールは早番だったので、昼下がりにはシフトが終わる。この時間はひたすら野口晴哉師の著作を読みふけっていた。野口師の深い洞察と慈しみ、そして猛々しさが同居する生命観を浴びるようにして摂取した。

お金がなかったので、東京都の図書館にある著作は全て取り寄せて読み、蔵書にない分は全生社（野口晴哉師の著作を専門に扱う、整体協会直属の出版社）から取り寄せた。『大絃小絃』や『人間の探求』といったエッセイを読むことが多かったが、潜在意識教育や体癖論などもおもしろかった。

野口師は「全てを使い切って生きろ」と教える。全生の思想だ。

そして「どんな人生であれ、自分の選択の結果なのだ」ともいう。もし「願いなんて絶対に叶わない」と嘆いている人がいるとしたら、それは「願いなんて絶対に叶わない」という願いが実現しているのだ、と。その意味では究極の自己責任論だ。現状は全て、自分のせい。

厳しい思想のようにも思えるが、不思議と腑に落ちるものがあった。人生の全ては自分のせいならば、自分でなんとかできる、ということでもある。それにはまず身体を整えよ。そのあまりに簡潔で力強いロジックに、僕は打たれた。

ただ整体指導者に会いに行く覚悟はなかなか決まらなかった。創始者・野口晴哉師はとうの昔に鬼籍に入っている。後継者がどれほどの人物かはわからない。期待ハズレで野口整体に失望してしまうなら、書籍の中の野口晴哉本人にだけ触れていたほうがずっと良い。そうやって1年くらい、ずっと野口整体の本を読んでばかりいたと思う。

それでもどの本のどこにどんなことが書いてあるか覚えてしまうくらい読み込むと、さすがにやることがなくなってくる。いよいよ指導者に会いに行くことにした。できれば同年代がいい。野口昭子夫人のエッセイを読むと、野口晴哉先生に後継者として育てられた孫がいるという。計算してみると、ちょうど僕と同じくらいの歳だ。整体協会の機関誌『月刊全生』で調べてみると、小田急線の柿生（かきお）駅近くで指導室をもっていることがわかった。野口晴胤（はるたね）さんだ。

最初に参加したのは、活元運動（身体が自動的に動き出して調整する、野口整体の特徴的な技法。錐体外路系の運動）の実習をする活元会だった。

指導室は木と畳の香りが快い和室。その部屋いっぱいに参加者がひしめいていた。大部分はずっと昔から野口整体とともに生きてきたのであろう年配の方だったが、僕と同年代の人もちらほら混じっていた。おそらく晴胤さんの仲間であろう。

皆の前に軽やかな足取りで現れた晴胤さんは、予想通りほぼ同い年。木の葉のように軽妙な立ち居振る舞いと、不意に煌めく射抜くような眼光が印象的な、長身の青年だった。

整体協会にも僕と同年代の人はいるにはいるが、多くが親や祖父母の代から整体を学んでいる二代目、三代目だ。僕のようななんのゆかりもない者が、ふらりとやってくるのは珍しい。それもあって晴胤さんはとても親しくしてくれた。

晴胤さんは僕が持ち込んだ武術の稽古法に大変興味を持たれ、技術交流をするような形で整体の指導者向けの技術や修行法についても惜しみなく解説してくれた。

晴胤さんはこう繰り返す。

「活元運動と愉気こそが、整体の基本で全てだ」と。

身体を調整する操法は全て、その二つから生まれたものなのだ。だから活元運動と愉気に真面目に取り組めば、整体は全てわかる。そんな晴胤さんの考えは、僕ととても相性が良かった。

ある日、活元運動の誘導法を教わっている時のことだ。晴胤さんにサポートしてもらいながら、活元運動を誘導する練習をしていた時である。参加者たちはそれぞれおもいおもいに、自由に動いているはずなのに、全員の身体が不思議と調和していることに気づいた。あたかも草原が風に揺れているかのようだった。

なんだかとてもきれいだなと思った時、不意に「動き」が見えるようになった。肉体の動きではなく、その内側の勢いみたいなものが、わかるようになった。参加者の背中に、その勢いが滞っている「点」があるのが見えた。

晴胤さんがすっとそこに近づいて手を当てると、たちまち点が消えて新たな流れが生まれる。

小川の淀みから小石を取り除いて、流れが整うのと同じだ。野口晴哉師も「姿勢を整えるのではない。内側の勢いを整える」と言っていた。それはこういうことかと。肉体の強張りだけを追いかけていては見えない世界がそこにあった。

晴胤さんの祖母、野口晴哉師の奥方である野口昭子夫人とお会いできたのも大きな財産となった。晴胤さんの会に一参加者としてしばしば参加されていたのだが、一見して他の人とは雰囲気が違った。当時はすでに80歳を超えていたはずだが、立ち姿はまるでろうそくの炎のように、やわらかくまっすぐ地上から立ち上るようだった。

二人一組でお互いの活元運動を引き出す、相互運動のお相手をさせてもらったことがある。昭子夫人の背中に手を当てるのだが、感触はまるで水面だった。一切滞りがなく、流れるような活元運動で、いつしか僕の背後にまわって僕が活元運動を引き出される側になっていた。人の身体はここまでやわらかくなるものなのかと、感動した。システマを通じてやわらかな動きを追求しているが、昭子夫人のやわらかさにはいまだ遠く及ばない。

晴胤さんには本当にいろいろと教わったのだが、中には不思議なこともある。

その一つが、晴哉師が若い頃に鍛錬していたという「気合」だ。気合によって鍛え抜かれた下腹こそが、晴哉師の卓抜した技術を下支えしたという。

実際に晴胤さんに気合を教わった時のことだ。箱根の野口晴哉記念館で習ったのだが、この日はなぜか講義がとても長くて、2時間も畳の上で正座で話を聞いていた。さすがに足がしびれて激痛が走るが、足を崩すわけにもいかない。話が全く耳に入らなくなった頃にようやく実習となった。

晴胤さんの言うとおりに準備体操をしてから、渾身の気合をかける。その時だ。あれほどきつかった足のしびれが、消えてしまったのだ。気合の動作も全て正座のまま行われるので、足は一切崩していない。でも足のしびれは嘘のように消え去って、その後に立ってもしっかり普通に歩くことができた。

晴哉師が滝壺に気合をかけると、滝の轟音が消えて一瞬の静寂が訪れたそうだ。

僕もすっかり気合にハマってしまって、晴胤さんと気合の鍛錬で都内近郊の滝に通ったり、自分でも声を出せる場所を見つけて練習をした。

ただこれはおそらく野口晴哉の師にして霊術家の松本道別(ちわき)師から伝わった鍛錬法だけあって、続けていると霊的な感覚めいたものが拓けてくる。

そこから派生して霊的な方面の修行にも精を出したことがある。多田宏師範や氣の研究会の藤平光一師範など名だたる合気道家が研鑽したことでも知られる、一九会の合宿に参加したのもこの頃だ。「他言無用」の誓約書を書いたもののもあるため詳細は伏せるが、おかげでいわゆるオカルト方面に関しては免疫がついた。

システマ創始者のミカエルと一緒にいると、たびたび不思議なことが起こるのだけど、「そういうこともあるな」と思う程度で、ことさら驚くこともない（マジシャンKiLaさんの超絶技巧は除くが）。

いちばんの神秘は霊や超能力ではない。この世界があり、人間が生きているというごく当たり前のこと。この当たり前に勝る神秘はないのだ。そう実感することができたのは、ひとえに晴胤さんに不思議な世界を垣間見せてもらったおかげだ。

達人の条件④……………………「神秘に動じない」

「古武等会」の猛稽古

甲野先生本人には大きな影響を受けたが、同じくらい大きな影響をその周囲の人たちからも受けた。まずは恵比寿稽古会の世話人を務めていた中島章夫師だ。

中島さんは古武術の世界に足を踏み入れたばかりで、右も左もわからない時期に手取り足取り丁寧に教えてくださった。よちよち歩きながらも精妙な武術的身体操法の世界に足を踏み入れることができたのは、中島さんの手助けがあってのものだ。

中島さんには後年、僕がシステマのインストラクターとして活動をはじめた際に、朝日カルチャーセンターの新宿教室を斡旋してもらうことになる。ここでの講座が好評だったのがきっかけとなって、全国のカルチャーセンターでシステマ教室が開講することになる。

恵比寿稽古会は月2回。稽古会でヒントを持ち帰り、各自で研鑽して次の稽古会で検証するというスタイルだ。それでは物足りなくなって始めたのが、「古武等会（こぶらかい）」だ。

甲野先生に「私の会から奇形的に発生した集団」と言われた古武等会だが、もともとは僕がもっとじっくり稽古する時間を確保するため、嘉陽与南（かようどなん）さん（現・真狩インストラクター、日本泳法向井流教士）や駒井雅和さん（現・日本シュアイジャオ協会会長）らと始めた自主稽古会だった。

そこに稽古好きが一人、また一人と集まり、さらに恵比寿稽古会で抜群に腕が立った斎藤豊さん（現・江東友の会主宰）が加わったことで、本格的な稽古会らしくなってきた。そこで会の名前をつけることになり、どうせならふざけた名前を、ということで「コブラ会」という案が出た。

それに漢字をあてたのが「古武等会」という名称の由来だ。「コブラ会」とは空手映画『ベスト・キッド』の敵グループの名前だ。最近、Netflixでドラマシリーズにもなったので、ご存知の方も多いだろう。

古武等会では、斎藤さんのアドバイスをもとに試行錯誤を重ねるのだが、一向に上達しない僕たちに対して斎藤さんは一計を案じた。

「力みが抜けないなら、力が入らないようにしてしまえば良い」

徹底的なフィジカルメニューで体力を使い果たしてから、起倒流の型を表と裏合わせて計21本をノンストップでぶっ通しでやる。多少間違えてもやり直さず、流れを切らずに一気にやる

古武等会の顔ぶれ（右から駒井氏、嘉陽氏、斎藤氏、甲野先生、中島章夫氏、著者）

のだ。地面に倒れ込む巴投げのような捨身技が多いから、足腰の居着きをとって全身の力を乗せる練習に良さそうとの理由で取り入れたのだ。

とはいえ、発案者の斎藤さんも起倒流を正しく学んだわけではない。国会図書館でコピーしてきた伝書から読み解いた動きをなぞった。だから手順を誤解している可能性も高いのだが、体捌きの練習をするのが目的だったので、そこは目をつぶることにした。

初めの頃は、フィジカルメニューから表の型14本をこなすのがやっとだった。相手を投げてもすぐに次の受け手がかかってくるので、速やかに体勢を立て直さなければならない。投げられる側も表裏の型21本を人数分、ノンストップで受け身を取るのでかなり消耗する。だが回を重ねるごとに動作がこなれ、体力もついて余裕をもって21本を終わらせられるようになった。

古武等会の稽古が軌道に乗った頃に、甲野先生の紹介で知己を得たのが現・日本韓氏意拳学会会長、光岡英稔(ひでとし)師だ。ゆったりとした風貌から繰り出される、あまりに危険な技術は身体操作にフォーカスして稽古してきた僕たちにとって、かなり異質で、圧巻だった。

特にカリやシラット、中国拳法など海外の武術の威力を初めて目の当たりにして、「日本武術こそが最高」という漠然とした思い込みが消し飛んだ。中でも駒井さんと与南さんの入れ込みようはかなりのもので、岡山県にある光岡師の道場まで訪ねてしまうほどだった。

古武等会の活動は、これを機に徐々に縮小していった。コアメンバーだった駒井さんは韓氏意拳を、与南さんはフィリピン武術のカリや古式泳法を、斎藤さんも自身が武術を始めたきっかけとなったコンセプト派ジークンドーの追求に注力するようになっていったからだ。武術の世界の深さと広大さの両方を見せつけてくれた光岡師範の影響は、改めて大きなものだったと思う。

甲野先生ご自身や、甲野先生をきっかけとして多くの人たちと出会う中での一番の収穫は、「自分の頭で考える」ということを身につけられたことだ。

恥ずかしながら僕は20代始めまで、ただ流されるままに生きてきた。もちろん考えているつもりではあったけれども、それは誰かに与えられた問題に対して、どうしようか考えるという類のものであった。進学や就職もそう。世の中から提示された問題に対して、自分なりに対処したにすぎない。

でも甲野先生の稽古は、問題すら自分で見つけ出さないといけない。自ら進歩する鍵は、正しいやり方を覚えることではない。自ら問題を見つけ出せるかどうかなのだ。それはビフォア・アフターで全く別人になってしまった感じがするほど、僕にとって大きな変化となった。

達人の条件⑤……………………「自ら問題と解決策を見つけ出す」

あともう一つ、甲野先生から学んだことに「人生の税金」がある。

素晴らしい知恵や財産は言わば天からのギフトである。それはその人自身のためではなく、人々のために使うようにと与えられたものだ。もしそれを独占してしまうなら、多大な「税金」を払うことになる。本人もしくは身近な人が病に倒れたりといった、思わぬ不幸に見舞われるのだ。

逆に不幸のドン底を味わった人が、一転して幸運に見舞われるのもそれだ。人生の税金を先払いしたことで、過払い金に利息がついて返ってくるのだ。僕も最初は半信半疑だったけど「人生の税金」理論で説明できそうな事例を目の当たりにするたびに、真実だと思うようになった。だから税金はこまめに前払いしておくのがよい。甲野先生が自身の術理を気前よく教えるのもそのためだし、さらには時折詐欺とわかりきっている街頭募金に寄付したりしているという。つまり自主的にダメージにならない程度の「損」をすることで、こまめに税金の前払いをしているのだ。

これを溜め込んでしまうと、追徴金まで加算されてどんどん膨れ上がることになる。税金の前払いは慈善事業への寄付でもよい。だからシステマ東京では定期的にＮＰＯなどに寄付するように心がけている。

この「人生の税金」理論の便利なところは、開運法として使うこともできることだ。税金を多めに前払いしておくことで、後で利子のついた還付金が戻ってくる。僕は運気が停滞しているように感じる時ほど、誰かのために働いたり、寄付したりするようにしている。すると不思議と事態が好転したりする（しないこともある）。これがいわゆる「天に宝を積む」というやつかもしれない。

武術を通じて不思議な現象を目の当たりにすることもあったけど、個人的にはこの「人生の税金」理論が、最強だと思う。眉唾と思う人も多いと思うけど、僕自身はずいぶん助けられたので、興味ある方はぜひ試してもらいたい。

Chapter 2

確信

Conviction

システムとの出会い

古武等会の仲間たちはそれぞれの道を歩み、僕は一人残されることになった。

一方、晴胤のさんの指導のおかげで、身体を調整するスキルは上がっていった。そのまま整体の指導者になったり、なんらかの国家資格を取って治療家になることも考えたけど、どうもその気にはなれなかった。

仮に僕が治療家になり家族を養う身となれば、商売繁盛を願うだろう。少なくとも子どもを大学に行かせるくらいの経済力は必要になるはずだ。でもそれには病人やけが人を必要とする。治療家として「もっとお客さんに来てほしい」と願うことは即ち「多くの人が病んで傷つけば良い」という呪いとして機能してしまうのではないか。

経営面において、何度も通院してくれるリピーターは有り難い存在だ。でも一度で治せず何度も通わせるようでは治療家としての腕前はたかが知れているということになる。取り越し苦労といってしまえばそれまでだが、このジレンマを抱えたまま治療家を志すことはできなかった。

相変わらず僕はドトールのアルバイトを続けていた。その頃に出会ったのが、今の妻のアヤだ。稽古の一環として人間の学習能力について調べている過程で出会った。当時のアヤは国内外の大物ミュージシャンの作品を手掛ける人気デザイナー。かたや時給1000円に満たないフリーターである。年収に至っては10倍くらい差があった。あまりに不釣り合いな僕を、よくもまあ気に入ってくれたものだと思う。

試しに古武等会に連れて行ったら、稽古を気に入ってくれたのがよかった。

僕と斎藤さんの二人となった古武等会ではすでに荒稽古はやめ、光岡さんから習ったカリやシラットのドリルを研究していた。

アヤはもともと身体を動かすことが好きだけど、単調な動きを繰り返すジムのトレーニングや、ルールに縛られるスポーツなどに興味を持てなかったという。そこに武術の稽古がハマったのだ。それから様々な武術のセミナーに一緒に行くようになったのだが、そのうちの一つにシステマがあった。

システマの存在自体は、雑誌『合気ニュース』で読んで知っていた。

「ロシアの合気道」という触れ込みの武術がある、という程度の認識だったのだが、2005年、

『月刊秘伝』に初めて取り上げられた時の記事がとても印象深かった。システマには型がなく、自然な動きを追求するという。いろいろな武術において、型をどう解釈するかは大きな問題となる。伝統的な解釈を継いでいるつもりでも、指導者の個性によって微妙に変化する。そうした違いが伝言ゲームとなれば少しずつ情報が変化し、そもそも型の意味するところが、よくわからなくなってしまう。

型をどう解釈するかで論争したり、分派したりするのもよくあることだ。型は大事だけれども、読み解き、血肉にできるレベルに達するには、本人のセンスと良い指導者に恵まれるという運の両方が必要だと思う。

僕は基本的に、自分を運も才能もない人間という前提で考える。だから型から学ぼうとするのは、ギャンブルに近いように感じていた。その型を用いず、どうやって動きを学んでいくのか？

検索して調べてみると「システマジャパン」というグループが見つかった。システマジャパンはスコット・マックイーンとアンディ・セファイの二人によって作られたグループだ。

二人とも海外でシステマを学んでいたが、仕事の都合で日本に来ることになった。そこで、日本でシステマを練習する仲間を在日外国人のコミュニティで募ったという。そうやって始めた自主練が当時の2ちゃんねるなどで話題になり、少しずつ日本人が集まるようになった。現在、システマ東東京を主宰している三本木秀作インストラクターなどは、その時からの古参メンバーだ。

ミカエルとヴラディミア（システマトロント本部校長）は、スコットとアンディが武道大国である日本でシステマを教えていることを知ると喜び、２００５年、二人にインストラクターのライセンスを授けたという。それを機にシステマジャパンは公認グループとして、正式に発足した。

僕がシステマジャパンを訪ねたのは、その年の終わり頃だった。

ひときわ寒い冬の夜、システマジャパンの窓口を担当していた奥内一雅さんと高田馬場駅で待ち合わせて、連れて行かれた先が戸山公園だった。早稲田大学の隣に位置し、様々な武術や演劇などのサークルが思い思いに練習している、カオスな場所である。

そこの開けた場所で、十数名のメンバーが練習していた。外灯が茂った枝で覆われて暗く、特に近眼の僕には他のメンバーがシルエットでしか見えない。その中心にいたのが、スコットだった。筋肉質なオーストラリア人である。今では「プッシュ＆ムーブ」と呼ばれる、相手の力を利用して崩す練習をやっていた。やってみると、相手の力を利用する感覚を身につける練習法として、これ以上のものはないように思えた。

僕は古武術の練習を通じて、他者の動きを利用することの有効性を感じていた。甲野先生に教わった杖の型に取り組んでいた時も、あれこれ身体操作を工夫するよりも、杖の重さを感じてそれに従ったほうが滑らかでうまくいく。剣術も居合も、レベルこそ低いものの武器の力に準じて動くと、結果的に理に適った動作になった。

武術の達人たちも、異口同音に「相手の力を利用する」と言う。だからいかに他者の力を利用できるかどうかが、武術の原理として適しているはずだと思っていた。その具体的な方法が、システマにあった。それも才能も運もない僕にもわかりやすく、身につけられそうな形で。

システマはすごい。そう確信した極めつけは、練習後の一コマである。

メンバーがスコットの前に立ち、腹部にパンチをもらっている。ドカン、ドカン、というとんでもなく重い打撃音が響く。その様子を見ていると、スコットが的確に、整体なら手を当ててゆるめる部位を叩いていることに気づいた。締めに鳩尾(みぞおち)にひときわ重いパンチを入れる。受けた側は身体をくの字に曲げて、フッフッフと呼吸を繰り返す。

僕は心中で声を上げた。

「これって邪気吐きじゃないか」

邪気吐きとは、鳩尾に指を当てて内側に溜まっている「邪気」を吐く、野口整体の呼吸法である。邪念を鎮めるために活元運動の準備として行われるが、晴胤さんは日常的にやるといいと教えてくれた。整体の実践者にとってはポピュラーであり、なおかつきわめて重視されている呼吸法である。システマではそれをパンチでやっている。

かなりの荒療治だが、苦しさを除けば実に効率が良い方法であることは理解できた。パンチを受けた側もダメージが抜けた後は清々した顔をしている。システマのパンチは、手当て療法の一種。マーシャルアーツと癒やしが一体となったのが、システマだ。武術と活法の極意が同居する、まさに僕が求めていたシステムだと直感した。帰り道、夜道でアヤにそう熱弁したのを覚えている。

それともう一つ、気になったのが練習会場に漂っていた独特の「空気」である。スコットやアンディが醸し出しているのかと思ったが、どうもそうではない。どこか別のところから持ってきている。では彼らはどこから持ってきているのか？　その不思議な空気にこそ、システマの核となる何かがある気がした。

初めての海外システマ修行

当時の僕はアヤとの生活を安定させるべく、ドトールのバイトからある会社の契約社員になっていた。その会社は残業が多く、平日夜のシステマクラスにはなかなか通えない。その間に、僕以上にシステマにハマってしまったのがアヤだった。珍しい女性参加者を外国人インストラクターが丁重に扱ってくれるのが気に入ったらしい。全てのクラスに出席して、めきめき実力を高めていく。

僕もシステマの練習に注力するため、数ヶ月後に会社を辞めた。同時に「誰かに雇われる」ことを全てやめることにした。日雇いや短期バイトも含めて全てだ。それは練習時間を他人の都合に振り回されたくない、限られた人生の時間を切り売りするようなことはもうしたくない、という理由だった。

ではどうやって、糊口をしのぐか。

唯一、かすかな可能性があったのがフリーランスのライターだ。もともとドトールのバイトと並行して、テレビのシナリオを書く仕事を細々とやっていた。シナリオライティングの学校に通った際に、講師として来ていた井上由美子先生と知り合い、アシスタントをさせてもらっていたのだ。

またあるテレビ局のシナリオコンクールで最終選考にまで残り、その時に知り合ったプロデューサーから仕事を回してもらうこともあった。もともと文章を書くのは苦ではない。だからフリーライターなら、なんとかやっていけるんじゃないかと踏んだのだ。

ただいきなり軌道に乗るわけはない。なけなしの貯金を切り崩しながらの生活はかなり困窮した。報酬額など構っていられず、どんなに安くてもとにかく仕事を集めまくった。中には原稿1本150円なんてものもあった。書くのに30分はかかるので、時給換算なら300円だ。それでもないよりはマシだ。10本こなせば1500円になって、1日の食事代くらいにはなる。

でも貯金残高が刻々とゼロに近づく恐怖心は相当なものだった。会社による最低限の賃金や福利厚生の保証もない。お金がなければ家賃を払えず、家も退去しなくてはいけない。実家の援助も得られないため、最悪、アヤとともに露頭に迷うことになりかねない。そうすればシステマどころではない。どうにかしてその事態を避けたい一心で、とにかく仕事の数をこなした。おかげで少しずつ仕事が増え、なんとか1年ほどで軌道に乗せることができた。

僕がフリーライターを選んだのは、パソコン1台あればネットを通じて世界のどこからでも仕事ができるからでもあった。本部でシステマを学びながら、空き時間に現地で仕事ができると踏んだのである。

最初にトロント本部に行ったのは、２００６年の春のことだ。眼を見張るようなデモンストレーション動画が、まだ始まったばかりのYouTubeで話題になっていたヴラディミア・ヴァシリエフが教えている場所である。

金銭的な余裕もなかったので、ダウンタウンの安宿の相部屋から通った。システマに出会ってからほんの５ヶ月ほど。うち４ヶ月はほとんど仕事で練習できていないという、初心者同然である。英会話も学校で習った程度のレベルだ。

ヴラディミアに学んだ「動き続ける」

トロント本部がオープンしたのは、１９９３年だ。１９９０年頃、旅行でトロントを訪ねたヴラディミアが後に結婚するヴァレリーと出会い、一目惚れして移住を決めたという。

トロントに移住した当初、ヴラディミアは電気関連の仕事やスーパーのレジ打ちなどの仕事をしていた。だがある時たまたま同僚が、ヴラディミアがロシア武術の使い手であることを聞きつけたという。

「ぜひ体験したい」ということで、その同僚が仲間を集めて体験会を開いた。集ったのは空手や柔道の黒帯などの猛者ばかり。これはやりがいがありそうだ。そう思ったヴラディミアは張り切って、本人曰く「いつも通り」に技を体験させたらしい。つまり、あの強烈なストライクをさんざん打ち込んだのだ。「そこまでするとは思わなかった」と尻込みした参加者の多くはそれっきり来なくなってしまったという。

でもその一方で「ヴラディミアのマーシャルアーツはすごい」という噂が一気に広がった。それで生徒が殺到したため、公民館の部屋を借りてレッスンを始めることにしたという。それもすぐに手狭になり、自宅に押しかける人まで現れた。それで常設ジムを設立し、夫婦でシステマの指導とジムの運営に専念することを決断した。これがトロント本部の始まりである。

そのトロント本部にはるばる日本から訪ねた僕を、ヴラディミアは快く受け入れてくれたのだが、練習は圧巻だった。その時、トロント本部は開設13年目。設立当時から学んでいる者はキャリアが10年以上に至る。発足したてのシステマジャパンとは環境がまるで異なる。それも日本人より一回り大きな外国人がほとんど。

僕の空手や古武術の経験など全く通じず、とにかくもみくちゃになった。かつて鍛えたフィジカルもあくまでも学生時代の話。大人の、しかも大柄な外国人の中では貧弱だ。

「ストライクへの恐怖をなくしたい」と、現地のインストラクターにプライベートレッスンを依頼したら、1時間しこたま殴られ、胸から腹までアザで真っ黒になったこともある。

ヴラディミアはしばしば「自由にかかってこい」と、僕の練習相手を務めてくれたが、なすすべなどない。一度など、床にうずくまって手足を抱えたヴラディミアに何もできなかったこともあった。手も足も出さないヴラディミアに対し、こちらの手も足も出ないのだ。あれは一体なんだったのか、今でもよくわからない。

とにかくどうしようもない力量の差と、システマの可能性の両方を痛感させられた。初めての滞在は2週間ほど。全身の筋肉痛と打撲で帰りたくなったが、それでも終わり頃にはやるべきことが少しずつ見えてきた。

レギュラークラスの合間に本部のインストラクターにプライベートレッスンを依頼したのだが、その中で「とにかく動き続けろ」と教わった。

僕には日本武道の名残で、スタンスを広くとってすり足で動く癖があった。それはシステマ

システマ創始者・ミカエルの右腕、ヴラディミアとトロントで初対面

と相性が悪い。足はこまかく、軽やかに動かし続けるのだと、足運びの癖を徹底的に直されたのだ。ヴラディミアにも再三、同じことを指摘されたこともあって、とにかく足を細かく動かし続けることを意識した。

滞在も終盤に差し掛かったある日のクラスで、お互いに打撃を打ち合うマススパーが行われた。相手は見上げるような大柄な生徒だ。遠い間合いから素手の拳が飛んできて顔面に当たる。当然、グローブもヘッドギアもない。連日の練習で全身もひどく痛むが、「とにかく足を動かせ」と自分に言い聞かせて動き続けた。

すると少しずつ、相手の動きが見えてくる。細かく足を動かすことで、たとえパンチが当たっても威力は削がれ、相手も打つタイミングをつかみにくくなる。

トロント本部に着いた当初は、良いようにやられるばかりで何かができる気など全くしなかった。でもヴラディミアやインストラクターたちの的確な指導を経て、なんとかメンバーの一人として振る舞える程度の糸口を掴むことができた。ほんの2週間でここまで変わるものなのか。ようやく、システマを学ぶスタートラインに立てた気がした。的確な教えを得られることが、なんとありがたいことか。良師に出会える幸運など、まず自分には巡ってこないだろう。そう思っていた僕にとって、その感激はひとしおだった。

せっかくやるなら、一日も早く本場の雰囲気を味わったほうが良い。そう言って「お金がないから」と渋る僕の背中を押してくれたアヤにも感謝だ。

システマジャパンで感じた不思議な空気。それはトロント本部ではより濃厚に漂っていた。でもここもまた、源ではないように思えた。ヴラディミアもまたどこからか持ってきている。源流はやはり創始者・ミカエル・リャブコだろう。現地で何かと世話を焼いてくれた人物が、ミカエルに会った時のことを熱く語ってくれた。

「オレはヴラッドのもとで長年練習して、指導経験も積んでそこそこいい線いっていると思っていた。でもミカエルに会ったら全てが吹っ飛んだ。ミカエルは不思議な力で巨大なジャンプをさせてくれる。そこそこのインストラクターだったオレが、ミカエルに会ってようやく、本当のインストラクターになれたんだ。だからお前も、早くもミカエルに会え。そうすればミカエルが『巨大なジャンプ』をさせてくれるだろう」

創始者に会わなければいけない。

その思いはいよいよ募るが、その機会は意外に早くやってきた。同年夏のことである。

システマ創始者・ミカエル・リャブコ

2006年の夏、トロント本部が「サミット・オブ・マスターズ」という大規模なサマーキャンプを企画した。トロント郊外の大学施設を借り切って、約1週間システマ漬けになるというイベントである。

ここの講師としてロシアから創始者・ミカエル・リャブコが来る。ミカエルに会えるならぜひ行こうとアヤは言う。さすがに同じ年に2回目のトロントは金銭的に無理と僕は渋ったが、旅費はアヤがサポートするという。そこまで言うならと、トロントへの二度目の渡航を決めた。

ここでミカエルの略歴を振り返っておこう。

ミカエル・リャブコは1961年、ベラルーシのヴィーツェプスクという町で生まれた。平時のリャブコ家は農家として暮らしており、牛や馬などの家畜を飼っていたそうだ。ミカエルは5歳の時から牧童として両親の手伝いをしていたらしい。ミカエルは動物と話すことができるという不思議な力を持つことで近所の住民に知られていた。それで子どもながら、完全に家畜を手なづけていたという。

ミカエルに武術の手ほどきをしたのは父、ヴァシリー・リャブコだ。ヴァシリー氏はかつてスターリンの護衛を務めていたという。だがミカエルは、武術の技を直接学んだことはないらしい。日常でふとした時、父が不意打ちでパンチしてくる。それを回避するのが唯一の修行だった。身体の使い方は農作業で培った。大鎌で草を刈る動作はストライクに、シャベルで土を掘り返す動作はそのまま槍の操法に繋がる。呼吸法も同様で、日常生活の中で父の呼吸を観察し、模倣することで学んだらしい。

旧ソ連軍に入ったのは15歳の頃。かなり若くしての入軍だったので、同僚や部下はみな年上だったという。だがミカエルの戦闘力は、当時から相当なものだったようだ。モスクワ本部の古参インストラクターによると、ミカエルが入隊した当時、新兵いじめに腹を立てたことがあったらしい。それでいじめに加担した先輩たちを打ちのめして、みな2階の窓から放り投げてしまったそうだ。

後に夫人となるラリッサと知り合ったのは20歳ごろのことだ。国外への買い出しツアーで出会ったという。ここでもミカエルは不思議なエピソードを残している。ラリッサがミカエルの家に遊びに行った時のこと、出勤時間の近づいたラリッサが帰ろうとした。するとミカエルは「帰れるものなら帰ってごらん」との返事。

ミカエルはロシア軍の精鋭部隊で、数々の想像を絶する作戦を遂行していた

何を言っているのだろうと不思議に思いながら身支度を整えて帰ろうとすると、ドアのあったはずのところにない。壁になってしまっているのだ。「これで帰れないでしょ？」とミカエルは微笑んだ。

仕方なく部屋に残るラリッサだが、いよいよ出勤時間に間に合わない。少しでも遅刻しようものならネチネチと小言を言う苦手な上司がいるのだ。「帰らせてほしい」と懇願するラリッサにミカエルは答えた。

「そこまで言うなら帰してあげる。でも君が遅刻したことに誰も気づかないよ」

その上司は部下一人ひとりの出勤時間を細かくチェックする。気づかれないわけがないと思いつつ出勤すると、不思議と誰もラリッサの気配に気づかなかったという。

たまたま気づかれなかっただけだと思ったラリッサは、別の日にもう一度同じことをするようにミカエルに頼んだのだが、やはり誰にも気づかれることなく重役出勤ができたそうだ。それに味を占めたラリッサは、のんびりミカエルと過ごしてはゆうゆうと出勤するのを繰り返したという。

ファンタジーのようなエピソードで面食らってしまった読者もいるかもしれないが、とにかくミカエルの周囲にはこういう話が多いのである。

ミカエルはその後、内務省直属の特殊部隊「ソーブル（SOBR）」に加入した。そこからさらに選りすぐりの精鋭を集めた「ルィシ（рысь 山猫部隊）」が創設される際に、ミカエルも加わったという。そこで指揮官・アンドレイ・クレスチャニノフの右腕として、チェンチェン紛争など多くの作戦に従事した。

ロシア軍には外敵に備える連邦軍と、内乱を鎮圧する国内軍があった。ミカエルが所属していたのは後者だが、ソ連崩壊時期だったこともあり各地で内乱が頻発。そのため連邦軍よりもむしろ国内軍のほうが多忙だった。ミカエルの退役は2000年。それ以降は恩給を受け取りながらシステマを指導しつつ、政治家や軍人、ビジネスパーソンなどなど、評判を聞いてやってくる多くの人の相談に乗って暮らしている。

著者のナイフを自然体で捕えるミカエル
（2010年、モスクワ）

現役時代のミカエルのエピソードは想像を絶するものばかりだ。

とある村がテロリストに占拠された時のことだ。ミカエルたちは軍用飛行機で急行したが、パイロットが誤って似た名前の別の地域の空港に着陸してしまった。急いで引き返そうとしたが、空港内の様子がおかしい。様子を見てみるとまさにその時、別のテロリストがハイジャックをしている最中だった。ミカエルたちは急遽、予定を変更してハイジャック犯の立てこもる飛行機に突入。無事、乗員を解放したという。

「どうやって解放したんですか？」と尋ねるとミカエルはこともなげにこう答えた。

「簡単さ。犯人はコクピットに立てこもっている。同僚がドアの隙間から手榴弾を入れたんだ。そのままドアを押さえてればすぐ終わる」

またある時は、テロリストが数百名の乗客がいる客船に立てこもった。シージャックだ。大勢で突入すれば、犯人に気づかれる可能性が高い。人質の乗客に被害が及ぶこともあるだろう。そこでミカエルは後輩の隊員を一人だけ伴って、客船に忍び込んだ。ミカエルは部下とたった二人でテロリストを鎮圧し、人質を無事解放したという。しかも頼みの後輩は全く役に立たず、ほとんどミカエルが一人で作戦を遂行したそうだ。

この手の話は数え切れないほどある。僕もいろいろな話を聞いたが、氷山のほんの一角にすぎない。もちろん誤訳などでディテールの誤解があるかもしれないが、それを差し引いても凄まじいものばかりだ。

ミカエルは父から学んだ家伝のコサック武術や、軍隊で知り合った英雄たちの教え、そして自らの戦争経験の全てを踏まえて、システマを創始した。ミカエルは現役軍人の時から、身近な人にシステマを教えていたらしい。強くなるうえに健康にも良いという評判が広がり、徐々に生徒が増えていったという。トロント本部の校長、ヴラディミア・ヴァシリエフもその時期にミカエルのもとに集った一人だ。

ヴラディミアは当時、空手家として鳴らしていた。ハイキックを武器に試合で好成績を挙げていたらしい。人の口にマッチを咥えさせ、足指にマッチ箱を挟んで後ろ回し蹴りを一閃させ、着火するというパフォーマンスが得意だったそうだ。

そんな腕に覚えのあるヴラディミアがある時、「ミカエル・リャブコという、強いやつがいるらしい」という噂を聞きつけた。そこでヴラディミアは空手仲間と二人で待ち伏せし、ケンカを売ったという。

ヴラディミアがミカエルの頭部におもむろにハイキックを食らわした。その足をミカエルはキャッチし、その勢いのままもう一人の顔面にヒットさせてしまったのだ。たちまち一人をノックアウトしてしまったミカエルに驚いたヴラディミアは、それ以来教えを請うようになったという。

ヴラディミアもまた特殊部隊の教官だったということだが、こちらの詳細は不明だ。気さくになんでも話すミカエルに対し、軍での経験についてヴラディミアは沈黙を守る。よほど話したくないか、話せない事情があるのだろう。夫人のヴァレリーさんやヴラディミアの母でさえ、何も聞いたことがないとのことだ。

ミカエルは「人間の髪や肉が燃える臭いは、忘れられるものではない」と語る。彼らにとって戦場の記憶はまだまだ生々しいのだ。好奇心で聞き出して良いものではない。だから僕は自分から話し出さない限り、戦場での話は聞き出さないことにしている。

ミカエルとの出会い

ミカエルが初めて姿をみせたのは、サミット・オブ・マスターズ2日目のことだった。まるまるとした体格のミカエル・リャブコがにこやかに現れた。

早速、挨拶に行くと、ミカエルは僕とアヤが日本からカップルで参加したことをとても喜んでくれた。後にわかることだが、ミカエルは家族や仕事をとても大切にする。家庭をもってこそ、人は真の強さが得られると考える。なぜなら大切な人を守る時にこそ、人は大きな力を発

トロントでのサマーキャンプで初めて会ったミカエルは、終始にこやかで優しかった

揮するからだ。だから当時はまだ夫婦ではなかったものの（ミカエルは夫婦だと思いこんでいた）、カップルで参加したことをとても喜んでくれた。

ミカエルはしばしば僕をデモンストレーションの受け役で使ってくれた。僕がロシア語はおろか英語もままならないことを察したのだろう。だからせめてもの日本への手土産として、本物の感覚を伝えてくれたのだ。

5分ほどぶっ続けで投げられ続けたこともあった。古武等会でさんざん捨身技を稽古したことと、システマジャパンでシステマ式の受け身であるローリングをたっぷり練習したことにずいぶん助けられた。おかげでどれだけ投げられても立ち上がり、またミカエルの技を味わうことができた。

ミカエルは終始にこやかで、ヴラディミアが時折見せるような鋭さも感じさせない。だから、どれだけすごいのかも計り知れない。ヴラディミアをはじめとして、僕よりもずっとハイレベルな人たちが歯が立たないのだから相当すごいのだろうと、推測するしかない。

イベントの中盤に差し掛かったある夜、ミカエルが聞かせてくれた戦場での体験談もまた、壮絶だった。

ある時、敵の騙し討ちに遭って撤退を余儀なくされたことがあったという。損害を最小限に留めながらの撤退戦は、非常に困難とされる。

特に危険なのは最後尾の殿(しんがり)だ。集中砲火を受けながら敵を足止めしつつ、味方を一人でも多く逃がさなければならない。その殿をミカエルの戦友が買って出た。

装甲車に設置された機関銃を連射し、敵の追手を牽制しながら退却する。後方からは敵の銃弾が無数に飛んでくる。装甲に身を隠しながら戦う彼の頭部を、銃弾の一つが直撃した。ヘルメットのおかげで一命を取り留めたが、ヘルメットが吹っ飛ぶはずみで、頭部を損傷し大量に出血した。

それでもなお機関銃を撃ち続けていくと頭部に何か違和感がある。手をやってみると、頭蓋骨が割れて機関銃の振動で蓋のように開き、脳が露出していたのだ。彼はそれを手で閉じると、再び機関銃を撃った。すると振動で再び頭蓋骨が開く。それを再び手で閉じてはまた撃ちまくった。

その繰り返しで彼は多くの兵士を生還させ、帰還後に勲章を授与されたという。手厚い医療によって割れた頭部には人工の頭蓋骨が埋められ、その後も元気に暮らしたそうだ。

また別の戦場でのことだ。

ミカエルたち一行は、戦略上どうしても外せないルートを通過せざるを得なかった。そのことは敵も承知しており、スナイパーを配備して行く手を阻んでいる。そのスナイパーも凄腕で、何人もの勇敢な特殊部隊員が突破を試みたがことごとく狙い撃ちにされてしまっていた。どうしたら通過できるのか。ミカエルは一計を案じた。

軍服をだらしなく着崩し、よだれを垂らし、ストラップをつかんでライフルをズルズルと引きずりながら、よたよたとした足取りで向かったのだ。戦場の恐怖で虚脱状態になってしまった兵士を演じたのである。

スナイパーは発砲するたびに自分の居場所を敵に知られるというリスクを犯す。だから脅威になりそうな兵士を優先して撃ち、そうでない相手は、避ける。その心理の裏をかいたのである。かくしてミカエルは敵の防衛線を突破し、作戦を成功に導くことができた。

驚くべきは、こうした常軌を逸したエピソードを、ミカエルは笑い話としてユーモラスに話すことだ。「こんな恐怖体験を、なぜ笑い話にできるのか？」と聞いたことがある。ミカエルの答えはこうだった。

「笑い話にできるのは、結果的にうまくいって多くの人が助かったからだ。もちろん、笑い話にできないエピソードもたくさんある」

その笑えない話も聞いたことがあるが、あまりに凄惨なのでここに書くのは控えたい。ミカエルの体験談の中ではいとも簡単に人が命を落とし、そしてその何十倍、いや何百倍もの人命が守られている。こうしたミカエルの戦場譚を聞いていると、ありきたりな武勇伝が霞んでしまう。

それにひきかえ戦場経験などなく、ケンカさえ避けて通るような平和ボケしまくった僕がシステマなど伝えて良いのだろうか。そんな悩みを抱えることにもなった。この問いには何年も悩まされたが、ある時、霧が晴れるように迷いは消えた。

僕はミカエルにはなれない。でも根っからの軍人であるミカエルもまた、ふにゃふにゃの文民である僕にはなれないのだ。だから僕は「文民のためのシステマ」をやる。そこにミカエルができない仕事があると気づいたのだ。

このイベントにミカエルは家族を同伴していたのだが、とにかく仲が良い。ラリッサ夫人や娘のアンナと手を繋いで歩いている姿を見ていると、マーシャルアーツの腕だけではなく、「こういう風に生きたい」と思わせる。ミカエルは人生のロールモデルとしてもまさに理想的だった。

凄まじい戦場を経て手に入れたからこそ実感できる、家族と過ごす平和な一時の大切さ。平和が空気のように当たり前の存在になっている日本で、その「実感」を伝えたい。つい先ほどまで大勢の生徒たちが殴り合っていたフィールドをのんびりと歩くリャブコ家の後姿を見ていると、そんな思いがこみ上げてきた。

ヴラディミア、ミカエルと並んでもう一人の講師として参加したコンスタンチン・コマロフからも実に多くのことを学んだ。コンスタンチンは、犯罪に関する心理学のテキストを刊行し、博士号を取得した異色の経歴の持ち主だ。ミカエルが「システマの心理的な側面を発展させてくれた」と評価する通り、コンスタンチンの教えるシステマは、心理的な側面に重きが置かれているものが多い。

彼が教えてくれたことの一つに「カフェのテラス席で通行人を観察する」というものがある。

「カモにするなら誰にするか？」

という犯罪者目線で、観察するのだ。

すると、自信がなさそうな人、周囲が見えていない人など、狙えそうな人の目星がつくようになってくる。実際に行きずりの犯罪に巻き込まれるのはそういった人たちだ。なぜ、その人たちは狙われてしまうのか。それがわかれば、狙われないための術も自ずとわかる。

またコンスタンチンは「サイキ」の開発法にも詳しい。「サイキ」とは適切な訳語が思いつかないのだが、認識や無意識も含めた精神の働き全般と言えるだろう。そこには「嫌な予感」のような、直感力も含まれる。

ある夜は、暗闇で目を閉じたまま敵を回避

システマの心理的側面を発展させたコンスタンチン・コマロフ

する練習を実習した。人間の認識の大部分を占めるという視覚を封じた状態で、何を感じるのかを体感するのだ。

そんなことできるのかと思ったが、コンスタンチンに言われるままにワークを重ねていくと、少しずつわかるようになってくる。こうした第六感的な感覚でさえ、適切な順序を踏むことで身につけられることに驚いた。

ミカエルは言う。

「いつどこに地雷が埋まり、スナイパーに狙われているかわからない。そういう状況でサバイブしようとすると、自然にそういう感覚が目覚めるんだ」

独ソ戦での女性兵士の戦いを描いた名作『同志少女よ、敵を撃て』(逢坂冬馬・著、早川書房)にはしばしば、スナイパーが他のスナイパーに狙われる気配を感じる描写が出てくるが、まさにそうした感覚を養う練習といえるだろう。危機的状況でこそ開発される人間の能力がある。システマはそれを万人向けのものとして伝える試みであるように思う。

僕なりのコツは、身体に導かれるということ。思考より先に生じる身体の運動に従うのだ。うまくいかない人は、無意識のうちに頭の中で正解を設定し、それと異なる身体運動を切り捨てしまう。でも往々にして身体の運動は、予想の範疇を超える。だから予測も想定もせず、ただ身体がおのずから生み出す運動に身を委ねるのだ。

僕の場合、ド近眼なうえに、片耳の聴力がない。だからそもそも視覚や聴覚に制限がある分だけ、この手のワークは比較的相性が良いように思う。

ただささすがに森の中に置いてきぼりにされた時には狼狽した。

これは別のキャンプでの出来事だが、森の中に連れて行かれて真っ暗になるまで練習した後、「じゃあな！」と言い残して一人で帰ってしまうのだ。講師のコンスタンチンはかなり夜目が利くため、真っ暗闇でもすいすい歩ける。でも都会在住で暗闇に慣れない僕などはたまったものではない。しかも雑草が茂って昼間でも道を見失ってしまうようなところだ。

コンスタンチンは「困ったら夜空を見上げろ。星が方向を教えてくれる」と言っていたが、そもそも森の中では木の枝に阻まれて星など見えず、頼みの綱の月光まで遮られてしまっていた。他の参加者たちもざわついていたが、手探りと僅かな光を頼りに少しずつ道を見つけて進み、なんとか宿泊するキャンプ場に帰着することができた。ただ夜が明けて明るくなるまで帰れなかった者もいたようだ。

コンスタンチンは問題ないと踏んだのだろうが、クマも出る地域でよくもまあそんなことができたものだと、いまだに思う。ただこうした訓練のおかげで、非日常的な感性はずいぶん磨かれたように思う。影武流（けいぶりゅう）の雨宮先生や忍道の習志野さんも修行の一貫として山ごもりをされるそうだが、自然の中、特に夜の森には感覚を研ぎ澄ます力がある。

参加者の中には他の武道の有力者や、システマのシニア・インストラクターとして各国で指導している者もいた。彼らと練習する機会もあったが、やはり動きが柔らかく、拳は重い。システマのもう一つの特徴は、この再現性にあると思う。

創始者・ミカエル一人がすごいのでなく、後進にも多数の実力者がいる。後に東京にセミナー講師として招くオランダ人インストラクター、アレン・ダッベルボアや、家族ぐるみの付き合いとなるニューヨークのインストラクター、エドガー・ツァクルスらと出会ったのもこの時だ。エドガーは当時、マンハッタンの中心部で「ファイトハウス」という格闘技ジムを経営していた。そこではアメリカに移住したばかりのヘンゾ・グレイシーが指導していたり、エメリヤーエンコ・ヒョードルがアメリカで試合をする際の練習場として提供したりしていたという。このイベント参加を機に、僕とアヤも多士済々のシステマコミュニティの末席として加わることになった。もっぱら交友関係を広げたのは社交的なアヤのほうだったが。

◇達人の条件⑥……………「後進の育成にも長けている」

古い教会で触れたシステマの源泉

初めてロシアの地を踏んだのはサミット・オブ・マスターズの翌年、2007年のことだ。サミット・オブ・マスターズでミカエルと組んでもらったことで大幅な上達を実感した。最強の練習法は、ミカエルの技を直接受けることである。もっとミカエルと練習をしたい。そう切望していた時に、モスクワ本部がサマーキャンプを実施するという情報が入った。

ミカエルと1週間、寝食をともにしてシステマを学ぶ。まさに渡りに船だ。ロシア語などハラショーとピロシキくらいしかわからないが、ミカエルと練習できることに比べればささいなことだ。行けばなんとかなるだろう。アヤに聞いてみると、やはりぜひとも行きたいとのことなので、二人で申し込むことにした。

当時は直行便が高額だったので、節約のためにバンコク経由の飛行機チケットを取った。なにせ開催国がロシアなので、参加費の事前送金も一苦労だ。

ようやく手続きを済ませると本部からメールが届いたのだが、空港に到着してからの指示が書いていない。誰かが迎えに来るらしいがそれが誰なのか、どんな特徴なのかもわからない。緊急連絡先として電話番号が書いてあったが、そもそも当時はガラケーなので電話のかけようもない。それでもまあ行けばなんとかなるだろう。そう覚悟して旅立った。

到着したドモジェドヴォ空港は天井が低くて薄暗く、白タクの客引きが外国人客に群がっていた。後にソチ五輪やサッカーのワールドカップなどに備えて大改修をするのだが、その直前なので、もっとも老朽化が進んだ時期だった。

さてどうしたら良いのか。

見渡してみると、こちらに手招きをする人物がいる。コンスタンチン・コマロフだ。

「こっちに来い」とハンドサインで指示された方向に行くと、人気のない狭い階段へと通された。黙って先導するコンスタンチンの後をついていくことほんの数分後、早くも僕たちを乗せたコンスタンチンの車は空港を後にしていた。コンスタンチンはプロのボディガードでもある。

その彼がＶＩＰを警護するのと全く同じ要領で、僕たちを誘導したのだ。
ただあまりに無駄がなかったので途中で両替することもできず、買い物をするたびに仲間から お金を借りることになるのだが。

着いた先はモスクワから１００キロほど離れた古都、モジャイスクの郊外だ。ミカエルはロシア革命の際に破壊された古い教会を復興させる手助けをしているという。会場となったのはその一つ。大工が教会の修繕作業をしているその庭に、男女に分かれたコテージとテントが用意してあった。

サミット・オブ・マスターズが２００人以上だったのに対し、こちらは30名ほどとずっと小規模だ。やはり開催地がロシアとなると、欧米圏の生徒たちは来にくいらしい。この点、日本のパスポートの強さを思い知らされる。

裏手には高さ5メートルほどの低い崖があり、その向こうにはモスクワ川が流れている。僕とアヤは男性用と女性用のそれぞれのコテージに分かれようとしたところ、ミカエルの娘、アンナが血相を変えて駆けつけてきた。

何事かと話を聞くと、「なぜ別々に泊まるのか？」とまくし立ててくる。カップルなら一緒

モジャイスク郊外でのサマーキャンプに初参加した時（2007年）

に泊まるべきだというのだ。他のロシア人もわらわらと集まってきて「そうだそうだ」と、同意する。でも僕が女性用コテージに泊まるわけにも、その逆をするわけにもいかない。用意してあったテントはすでに埋まっている。

ならばとアンナたちが急遽、新しいテントを設置してくれることになった。ほどなくしてできたテントに連れて行かれると、二人で泊まるには明らかに小さい。おそらく一人用だ。でもアンナたちは「二人で寝られて良かったね！」と満面の笑みである。親切を無下にするわけにもいかないので、結局1週間、一人用のテントの中で二人、身を縮めて眠ることになった。

そんなおせっかいなロシア人たちがなんと

も憎めなくて、温かな気分になったのも良い思い出だ。ちなみにアンナは家ほどもある大型テントに一人で泊まっていた。

キャンプで僕は毎日毎日、ミカエルの技を受けた。何度も殴られて、投げられた。ミカエルにつかみかかった次の瞬間、目の前に地面が見えたこともある。ミカエルの腕の一振りで、真っ逆さまになっていたのだ。

同行したアヤも同様にミカエルの技をたっぷりと味わっていた。アヤには僕と異なるセンスがある。僕はミカエルの技の感触が時間とともに薄らいでいく。それで「自分は何を失ったのだろう?」と逆算することで、ミカエルから学んだことへの理解を深めていく。でもアヤは失われない。吸収しっぱなしでそのままずっといけてしまうのだ。だからアヤのシステマは、ミカエルから受け取ったそのまんまの動きである。

ただいずれにしても動きに関して言えば、ミカエルの技を受けることが最上の学びである。創始者が健在である武術の最大の特権なのだ。

キャンプではそこここに、ロシアらしさが満ちていた。あらかじめ手渡されたスケジュール表通りに予定が進むことなどはない。ある時は深夜3時近くまで練習していたこともある。暗闇でのトレーニングを行うには、日没を過ぎてすっかり暗くなるまで待たねばならない。モジャイスクは緯度が高いため、夏季は午後11時くらいまで陽の光が残っているのだ。それがすっかりなくなってから練習を始めるため、どうしても終わるのが遅くなる。

またある時は、練習が始まるはずの時刻に観光バスがやって来たこともあった。何事かと思いつつ乗り込むと、着いたのはなぜかチーズ工場である。ミカエルは言う。

「練習だけがシステマではない。オーガニックの良質な食品で身体を養うこともシステマの一部だ」

またモジャイスクは第二次世界大戦中、モスクワへの敵の進軍を食い止める最前線として激戦の舞台になった。その戦争記念館や慰霊碑を見学し、修道院を訪ねて修道僧による手料理をご馳走になったりもした。

思わぬ転機がやってきたのは、その道中でのことだ。連れて行かれたのは、野原にぽつんと建てられた古い教会。漆喰で塗られた外壁は、丁寧に手入れが行き届いていて、抜けるような青空の下で白く輝いていた。その日は快晴で、草木の緑と空の青、そして教会の白のコントラストが、とても美しかったのを覚えている。

すり減った石段を上って内部に入ると、ミカエルが僕とアヤの二人に手招きをして呼び寄せた。そして一つのイコンを指差した。キリストの顔が大きく描かれたイコンだ。

「このイコンと向き合ってなさい」

ミカエルはロシア語のわからない僕たちに、そう身振りで指示をした。言われるままに立って、5分ほど経過したあたりだろうか。不意にキリストの目がどんどん大きくなっていく。視界一面に壁のように広がった。じっとこちらを凝視している二つの大きな眼に、飲み込まれそうだった。それでもじっと対峙するうちに、あたかもローソクに火が灯るかのように、僕の中にある確信が芽生えた。

「これがシステマだ」

高田馬場で感じ、トロントで感じた不思議な空気の源はここだった。僕はこの時、システマの源泉に触れた。しばらくしてイコンの前から離れた僕たちに、ミカエルは満足げな笑みを浮かべた。

この後、毎年モスクワを訪ねることになるのだが、この教会に連れて行かれたのはどういうわけか、後にも先にもこの一度だけだった。ただこれ以降、僕は迷わなくなった。この時に感じた空気感さえ忘れなければ、全てがシステマになる。そしてその空気感がシステマの全てを教えてくれる。おそらくそれこそが、ミカエルが僕に伝えようとした「システマの核」だったのだ。

インストラクター認定試験のお題

僕がインストラクターになったのはその翌年、２００８年のことだ。この年もモジャイスクでのキャンプが行われたので、今度は一人で参加した。ロシアを訪ねるのはこれで二度目。それまでにトロントに三度行っているので、通算五度目の海外修行となる。

その時、アヤのお腹には子どもがいた。僕は第一子を授かるにあたっての心構えを、ミカエルに学ぶつもりで来たのだ。ミカエルが育てたアンナとダニールは、とにかく彼らしさをぞんぶんに発揮して生きている。同調圧力になど屈することなく、悔いのない人生を送っているように見えた。新しく生まれる子どもにもそういう風に生きてもらいたい。そう尋ねる僕にミカエルは真剣な眼差しで答えてくれた。

「とにかく愛情をもって育てるべきだ」

そして「恐怖心を利用して教育をするな」と。そんなやり取りの中でふと、ミカエルが思い出したかのように口にした。

「そう言えば、タカはインストラクターのライセンスを持っているのか？」

現在はインストラクター・イン・トレーニング（インストラクター研修生、準インストラクター）として1年以上の指導実績を積んだ後に、インストラクターとしての審査を受けることができる。でも当時はインストラクター・イン・トレーニングなんてものはなくて、ミカエルもしくはヴラディミアがOKを出したらいきなりインストラクターに認定された。

インストラクターライセンスなど持っていないと答えた僕に、ミカエルは伝えた。最終日に認定試験を行うから受験するように、と。

キャンプの最終日。午後の練習時間はまるまる、認定試験に充てられた。キャンプの参加者全員がフィールドに集められた。ミカエルはインストラクター志願者に対して皆の前に立つように促す。10名ほどの志願者の端っこに僕も加わった。

試験をやると聞いただけで、何をするのか全く知らされていない。実技なのか筆記なのかもわからない。硬い面持ちの志願者たちにミカエルは言った。実技試験についてはこの1週間、皆の動きを充分見たからやる必要はない。だから君たちがシステマをどう理解しているのか？それをどう伝えようとしているのかを知りたい。そう言ってミカエルが与えたお題は、次のようなものだった。

「システマを全く知らない人に伝えるつもりで、システマについて説明せよ」

本当に難しいところをミカエルはついてくる。
僕自身「システマってなに？」と聞かれるたびに、どう答えたらよいものか頭を悩ませていた。「ロシアの軍隊武術」と言えば「人殺しの技」という物騒な印象を与えてしまうだろう。かと言って、健康法や呼吸法と答えるわけにもいかない。やはりマーシャルアーツ的な要素を外すことはできないし、そもそも僕は武術や健康法を超えたなにかをシステマに感じていた。僕が伝えたいのは、そこも含めたシステマなのだ。
それを全く予備知識のない人にもわかりやすく、簡潔に伝えるにはどうしたらよいのか？自分の順番を待つ間、頭をフル回転させた。いよいよ巡ってきた自分の番で、僕はこう答えた。

モジャイスクのキャンプ２回目参加の時、晴れてインストラクターに認定された

「システマとは、強力な武術であり、優れた健康法であり、生き方の指針となる哲学である。でも同時に、そのどれでもない。全てを同時に含んだシステムだ。やればきっと、よりよい人生になるだろう」

それがうまく伝わったのかどうか定かではない。なにせ僕の英語力は拙いし、それをさらに通訳がロシア語にしなければいけない。それでも、とにかく僕は合格した。

この「問題」は僕の記憶に焼き付いて、これ以降、幾度となく自分自身に問いかけている。

「システマとは何なのか？」

自分の理解が深まるたび、経験を積むたびに答えはどんどん変化する。最近は「癒やし」

と答えているのも、この問いの答えとして出てきたものの一つだ。

モジャイスクでのキャンプはこの年限り。翌年以降はモスクワ近郊の設備の整った研修所を借りて、研修が行われることになる。

敷居が下がって多くの人が参加できるようになったのはとても喜ばしいことだ。ただ水道も電気も通っていない、モジャイスクでのキャンプはとても良い思い出となっている。

システマ伝道師になる

海外でのトレーニングを重ねるたびに、確実に自分が変化するのを感じていた。でも努力して上達したという実感はない。ミカエルが僕のレベルを一方的に引き上げてくれるのだ。それは自助努力によるものよりもずっと早く、確実だ。僕の中にはそうやってマスターから受け取ったものが満ちて、はち切れんばかりになっていた。

僕という器はあまりに小さい。新しい教えを取り入れるには、受け取ったものを誰かに手渡さないといけない。ミカエルは「人に教えることで、学びのプロセスは完成する」と言っていたが、おそらくこういうことなのだろう。

当時、所属していたシステマジャパンはスコットとアンディのグループだ。だから勝手に教えるわけにもいかない。日本にシステマをどう伝えていくか、という方向性について意見のズレが生じたこともあって、僕はシステマジャパンを抜けることにした。

僕が細心の注意を払ったのは「システマジャパンから生徒を引き抜かない」ということだ。僕の離脱がパイを食い荒らすのではなく、広げるものでなければならない。それには僕はシステマジャパンの活動を妨げることなく、むしろお互いにとって有益なやり方で活動をする必要がある。

だから「システマ東京」を２００９年に立ち上げるまで、準備に1年以上かけた。カルチャーセンターや外部団体などで指導実績を重ね、ネットで情報を発信するなどして、都内に日本人のシステマインストラクターがいるということを少しずつ周知したのだ。モジャイスクでのキャンプのレポートを寄稿したことがきっかけで、『月刊秘伝』にもしばしば取り上げられてもらえるようになった。

大きな契機となったのは、朝日カルチャー新宿校でのシステマ講座だ。

システマのことがとても気になりながらも、「なんだか怖そう」というイメージで尻込みしていた人たちが、カルチャーセンター主催ということで安心して参加してくれたのだ。朝カル新宿でのクラスは満員御礼の大盛況。その評判を聞きつけた各地のカルチャーセンターからもオファーが殺到し、続々とシステマクラスが開講することになった。

僕だけでも最大で8校を掛け持ちしていたこともある。カルチャーセンターを活用してシステマを普及する方法がうまくいったので、他のインストラクターも同じやり方ができるようにした。

新しくライセンスを取得したインストラクターや地方のインストラクターに、ツテのあるカルチャーセンターを紹介することで、普及活動の起点としてもらったのだ。これも「パイを広げる」ための活動だ。その全ては、古武術の先輩である中島章夫さんが朝日カルチャーセンターや東急セミナーBEの担当者を紹介してくれたおかげだ。

僕が知る限り、達人のみんなは気前がいい。

「ここだけの話ですよ」とか言いながら、秘伝のような貴重な情報も気前よく教えてくれたりする。または助けになりそうな人を紹介してくれる。それにどれだけ僕は助けられたか。前述の「人生の税金」理論を、意識せず実践しているのだ。素晴らしい技術をシェアするからこそ、より素晴らしい技術に触れることができる。
まさに「与えなさい。そうすれば、自分にも与えられるであろう」だ。

◇達人の条件⑦……………………

「よいものを気前よくシェアする」

自分で集めたメンバーだけでもそこそこ人数が集まりそうだ。そう目算がついた段階で、自前のシステマグループである「システマ東京」を発足させた。練習場所も日時もシステマジャパンとはズラした。つい最近までシステマ東京の夜クラスが20時開始と比較的遅めの設定だったのも、その名残だ。

最初の会場となったのは、やはり中島章夫さんが紹介してくれた神楽坂にある劇団の稽古場だ。広くて駅や自宅からも近く、理想的な場所だった。

神楽坂の稽古場には、少しずつ参加者が増えていった。ビルの老朽化にともなって会場が取り壊されて以降は各地を転々とすることになるのだけれども、ずっとついてきてくれた人もいる。

ミカエルは「生徒から学ぶことが多い」と言うけれども本当にその通りで、クラスをリードすることで僕自身のシステマへの理解も深まっていった。クラスに来る人はバックグラウンドも様々だ。

初期の頃は武術経験者が多かったが、徐々にシステマが初めての武術という人も増えてきた。特に僕はカルチャーセンターのシステマ体験クラスなど、システマを初めて体験する人たちに伝える機会がとても多かった。

予備知識のほとんどない人にシステマをどう伝えるか。相手のバックグラウンドやニーズを見極めて、説明の仕方もアレンジしなければいけない。パイを広げるという選択をした以上、当然のことなのだけれども、インストラクターとしてかなり鍛えられたように思う。

初対面の相手に自分の技が通用するのか試すのにもとても良かった。最初のうちは「システマがナメられてはいけない」と気負ってしまって、怪我をさせてしまうという失敗もあったけど、徐々に力加減も覚えていった。

インストラクターとして特に鍛えられたのは、親子クラスだ。

システマ東京を発足するよりも先に、幼い娘とその友達、保護者を集めて親子向けシステマのクラスを始めた。それにあたってトロントやモスクワ本部のキッズクラスを何度も見学して、どのようなことが行われているのか確かめ、それを日本向けにアレンジした。

とかく子どもは飽きっぽく、言うことを聞かない。しかも幼稚園の年少組という特に無邪気な時期だったこともあって、全くクラスが成立しないまま終わってしまったこともある。それでも根気よく続けていくうちに、保護者の皆さんのサポートもあって少しずつクラスの体裁をなしていった。飽きさせないように次から次へとテンポよくワークを切り替えたり、ゲーム性をプラスしたりした。

正直、もっとも消耗したのはこの親子クラスだ。でも同時にとてもやりがいもあった。身体能力を開花させ、スポーツクラブや運動会で活躍する子も何人も現れた。いじめっ子に立ち向かって、いじめを止めさせた子もいる。幼少期のシステマは子どもの能力を全方位的に育てる。そう確信できたのは、大きな収穫だ。

経済面でも徐々に安定していった。まだまだフリーライターの仕事を手放せなかったけれども、システマでの収益が増えたおかげで、トロントやモスクワへの旅費を確保できるようになった。マスターに学んだことを持ち帰り、それを伝えて収益を得て再びマスターのもとに足を運ぶ。そういうサイクルがうまく回り始めたのだ。

人に伝える以上、ウソや勘違いを教えるわけにはいかない。自己解釈は誤解の元だ。だから僕は毎年、トロントとモスクワに通ってマスターに会い、自分のシステマが間違った方向に進んでいないか確認をした。「そこそこシステマがわかってきたんじゃないか？」という思いは、マスターに会うたびに打ち砕かれ、その先があることを見せつけられる。

でもそれはショックでもなんでもなくて、むしろスッキリ爽快だ。マスターが打ち砕くのは、自分自身で作り上げた「殻」だ。それを壊して風通しを良くしてくれるからだ。

詰まるところインストラクターの役割とは、なにを教えるかではなく、どんな姿を見せるかだと思う。僕は僕のところに来てくれる人たちに、学び続けてほしい。そうすればどんな困難でも克服できると思うからだ。それには自分自身が学び続けなければいけない。

そんな思いもあって、時間とお金を工面しては海外に行っていた。モスクワとトロントに2回ずつ、計4回行った年もある。そうやってシステマを学んでは伝えるサイクルを夢中になって回していった。そうやっていくうちに実績が少しずつ積み重なり、ＤＶＤ『システマ入門』や書籍『システマ入門』の刊行（共にＢＡＢジャパン）もあって、システマが急速に国内に知れ渡っていくことになる。

軍人のシステマと文民のシステマ

生え抜きの軍人、その中でも超精鋭であるミカエルに対し、僕は文民だ。その僕にシステマを通じてなにができるのか？　インストラクター活動を始めた頃、その意義がまだ自分の中であやふやだった。

軍隊武術を標榜しつつも戦場に行ったことなんてない。ケンカに明け暮れたこともない。武術は突き詰めれば人殺しの技術だ。人を殺める技術というとなんだかすごいことのように思えるけど、実はそれほど難しいことではない。むしろ人は簡単に死んでしまう。新聞やニュースを賑わせる殺人犯だって、別に人殺しの訓練を積んだわけではない。武術的にはズブの素人が、ちょっとした計画性と殺意だけで、いとも簡単に人の命を奪ってしまうのだ。

ミカエルは「相手を殺して良いのなら、そんなに簡単なことはない」という。殺さず、傷つけずに制さなければいけないから、難しいのだ。なぜならミカエルが相手にしていたスパイやテロリストは、生け捕りしなければいけない。「意識があり、話ができる状態」で確保し、情報を引き出さなければならないからだ。

だからこそ、システマでは人を傷つけずに制することを学ぶ。難易度が高いことに取り組むことで、技術レベルが上がるという側面もある。

でも僕はより直接的に、日本全体にとって有益になるような意義を求めていた。システマにその力があることは確信していた。ただそれを実行するには、明確な意義が必要だった。それが殺人術ではなく、活人術としてのシステマを伝える軸となる。同時にそれはミカエルがシステマを伝える真の意図であり、僕たち文民に課された役割であるはずだ。

その方向性が定まったのは、あるニュースを通してであった。僕を含む20代〜40代の死因のナンバーワンは「自殺」だという。本当かと思って厚生労働省のページにアクセスして統計資料を見てみると、間違いない。また他に主要な死因となっているのは心疾患やがんだ。その中には生活習慣病も多く含まれるはずだ。

僕の周囲にも、無理を顧みないハードワークや、逆に極度の運動不足で体調を壊した人たちがいた。生活習慣病を長期的に自らを傷つけた結果の死と考えるなら、緩慢な自殺といえる。

直接的な自殺と緩慢な自殺。両者を合わせればかなり多くの日本人が、自ら命を断っていることになる。護身術を自分を護る術とするなら、最も可能性の高い仮想敵は自分自身ということになる。システマにおける最重要事項「サバイブ」だ。つまり現代日本におけるもっとも現実的なシステマとは、自分自身から身を守ること。つまり「自殺を防ぐこと」になるのだ。

文民としてのシステマでやるべきことは定まった。それをどうやって世の中で実践していけば良いのか。ちょうどそんな時期だ。初めての著書となる『システマ入門』の執筆依頼が入った。

初のシステマ本

『システマ入門』は担当編集のS氏と「ロングセラーとして読み継がれる入門書にしよう」と誓った作品だ。執筆中にもマスターの元に通い、方向性に間違いがないか確かめながら書き上げた。その結果、世界中を見渡しても、これほど全般的にシステマについて記述した本は例がないといえる内容になった。

写真撮影も済み、刊行日も決まった。

2011年3月9日。いよいよ発売日を迎え。書籍を通じて今まで以上に多くの人にシステマを伝えられる。

アマゾンの書籍カテゴリ「護身術部門」でも1位を獲得し、かなりの手応えを感じていたその時だ。

未曾有の災害が日本を襲った。発売から2日後。3月11日。

その時、僕は親子向けクラスに出かける準備をしていた。激しい揺れに棚から食器が飛び出し、バリンバリンと音を立てて割れた。アヤと幼い娘はショッピング中だったが、あまりの揺れにただ事ではないと察知し、即座に外に飛び出したという。その直後に季節外れのゲリラ豪雨が降ってきた。大地が空まで揺るがしたようだった。

日本初のシステマ書籍として大きな反響を呼んだ『システマ入門』（2011年）

周知の通り、東日本は重大なダメージを受け、書店どころか日本中のあらゆる機能が麻痺した。処女作の刊行という僕にとっては人生の節目といえる出来事も、震災の前ではあまりにもちっぽけだった。著者である僕自身、著作どころではなくなった。連日各地の凄惨な有様が報じられ、福島では原子力発電所から放射性物質が放出されていた。余震も続き、何が起こるかわからない。僕は家族を札幌に避難させて、一人東京に残った。この状況で何ができるのか。そう問われている気がしたのだ。

システマとは、極度のストレス下でリラックスする技術。そして冷静な判断と、適切な行動でサバイブするためのもの。だから今こそシステマが必要だ。

そう判断して、クラスを継続することにした。公共施設はどこも閉館していたが、幸いにして懇意にしていた劇団の稽古場は通常通り借りることができた。

こんな緊急事態で誰が来るのだろうか。会場で待っていると一人、また一人と馴染みの顔が現れた。こんな時こそシステマだ。同じ思いを抱く仲間の存在を、この時ほど頼もしく感じたことはない。

被災地支援での無力感

日本に住む多くの人と同様に、僕にとっても東日本大震災は一つの転機となった。そのきっかけは学者の西條剛央さんと被災地支援に関わったことがある。西條さんと共通の知人である編集者を通じて知り合った（西條さんと僕が立ち上げた支援活動「ふんばろう東日本プロジェ

東日本大震災の被災地でボランティア活動に取り組み、自らの役割を模索した

クト」については、西條さんの著作『人を助けるすんごい仕組み』（ダイヤモンド社）に詳しいので気になる方は読んでいただきたい）。

現地では西條さんの実家に泊めてもらいながら、自分たちにできることを探して震災の爪痕がまだまだ生々しい被災地を見て回った。海岸に向かう山中に、流されたブイや漁船が散乱していた。まだまだ海など見えない山奥にまで、津波が押し寄せてきていたのだ。

瓦礫が散らかる砂浜も、かつては住宅地だった。長靴で足元の砂を払ってみると、下からフローリングの床が現れる。現地で知り合った人が、頭上十数メートルの高さで谷をまたぐようにかかっている、ひしゃげた鉄橋を指差して言った。来る途中に見かけた幾艘もの漁船は、この鉄橋をくぐったのではなくその上を流されていったのだと。

人智を凌駕する圧倒的な暴力がそこにあった。

僕がどれだけ武術に励もうと、人間である限り絶対に逃れられない宿命的な弱さ。それを痛感しながら、僕はふとミカエルのことを思い出した。

もしかしたらミカエルは、これと同種の絶望感を、戦場で味わったのではないだろうか。

絶望的な非力さと、それでもなお生きなければならないという現実。ミカエルは退役してからの数年間、眠れないほどのPTSDに悩まされたという。

もちろん僕自身の体験は、ミカエルの体験に比べればかわいいものだ。だけど非力さを知るという意味で、ほんの少しだけミカエルに近づけたのかもしれない。

非力な自分を認めるからこそ自らを整え、相手と環境の力を最大限に利用するシステマが生まれたのではないかと。つまり他力とは他人任せで消極的なようでいて、実は非力な自分を超える強力さを秘めているのである。

西條さんと立ち上げた支援活動「ふんばろう東日本プロジェクト」は、糸井重里さんのウェブサイト「ほぼ日刊イトイ新聞」で大々的に取り上げられたこともあって、瞬く間に一大ムーブメントとなった。被災地の人々を助けたいとヤキモキしていた人たちに、具体的な活動の方法と場を与えた。

でも僕の胸中では、プロジェクトが盛り上がるにつれて違和感が募っていった。当時、システマ東京に通っていた生徒の一人が、愛娘の脳に重い病気が見つかった。医師から余命宣告に等しい告知をされて、目の前が真っ暗になって倒れそうになったのを、システマの呼吸でなんとか持ちこたえたという。被災者の皆さんと病身の娘を抱える彼。両者の戦いは等しく辛く、厳しいもののはずだ。でもなぜ被災者だけを助けようとしているのか。震災のニュースが行き交う状況であっても、誰もがみなそれぞれの人生を戦っている。

世の中にはメディアの脚光を浴びて多くの同情を集める「陽の当たる不幸」と「陽の当たらない不幸」があるのを目の当たりにした。圧倒的に多いのは、誰の目にも止まらずひっそりと進行する後者のはずだ。システマは、それら全ての人の役に立つものでなければならない。

いよいよ盛り上がるプロジェクトを尻目に、僕は早々に副会長の座を降りた。そもそも僕はボランティア活動に関してはずぶの素人だ。プロに任せたほうが効率が良い。僕にできるのはやはりシステマだ。慣れないボランティアに手を出すよりも、そのほうがよほど世のため人のために貢献できるはずだ（脳に障害が見つかった子は父の懸命なリサーチで名医に会うことができ、ほぼ全快したという）。

「ふんばろう」の活動から手を引いてからは、システマインストラクターとしての活動に専念した。ミカエル・リャブコ、ヴラディミア・ヴァシリエフの両マスターのレッスンを受けつつ、『最強の呼吸法』『最強のリラックス』（共にマガジンハウス）、『逆境に強い心の作り方』（PHP研究所）、『人はなぜ怒り出すのか』（イースト・プレス）、『システマ・ストライク』『システマ・フットワーク』（共に日貿出版社）など、立て続けに著作を出した。

カルチャーセンターからも開講依頼が殺到した。一つの仕事をこなすとまた次の仕事がやってくる。この時期はそれをひたすらこなし続けた。さらには本部からの信任を得て、東京でのセミナー運営を任されることにもなった。

そのうちに集うメンバーの数もさらに増え、扱う金額も増えていく。でもそれを一過性のブームにすることなく、地に足のついたかたちでシステマを根付かせないといけない。それにはシステマのインストラクターを職業として成立させる必要がある。もちろん最初から専業インストラクターというのは難しいと思うので、まず副業にできるようにしたい。

僕の運営する「システマ東京」はそれまで基本的にトロント本部の運営法を真似ていた。ただトロント本部はヴラディミアの求心力によって成り立っている部分が大きく、誰もが真似できる仕組みというわけではない。だから日本ならではの状況に合わせた仕組み作りをする必要があった。

システマ東京は規模においても活動の活発さにおいても、日本のシステマ界では最前線を行っていると自負している。代表である僕が日本唯一の専業インストラクターなのだから、当然だ。だからこそ積極的に新しいことに挑み、得た知見を後進のインストラクターたちに役立てられるようにしていく必要があると思うのだ。

それには全くのゼロから作るよりも、優れた先行事例から学ぶほうが良い。

そこで目をつけたのがブラジリアン柔術だった。かつては実にマニアックだったはずの格闘技があれよあれよという間に市民権を得て、全国各地にジムが生まれ、大勢の柔術家が柔術で生活の糧を得ている。

格闘家はもちろん、一般の人々から芸能人まで練習に励み、さらには道着やサプリメントなど、周辺分野のビジネスまで成立している。海外の目新しい格闘技を日本に根づかせた先行事例として、この上ないように思えた。

そんなことを漠然と考えた時に、ふとした縁で会ったのが「日本ブラジリアン柔術の父」と言われる中井祐樹氏だ。著書『人はなぜ突然怒り出すのか？』を担当したイースト・プレス（当時）の編集者が出版記念イベントのゲストとして招いたのだ。編集のW氏は自身もサンボやブラジリアン柔術など組技系格闘技のエキスパートであり、「神保町のヒョードル」と異名を取るほどの人物である。

日本ブラジリアン柔術の父、中井祐樹氏が著者の柔術家としての側面を導いた

そんなW氏にとって中井先生は長年の格闘技仲間にすぎないが、僕にとっては伝説の格闘家である。なにせ何でもありのバーリ・トゥードの大会「VTJ95」でジェラルド・ゴルドーに片目をえぐられ失明しながらも決勝まで勝ち進み、ヒクソン・グレイシーと死闘を繰り広げた姿はあまりにも鮮烈だった。

◇達人の条件⑧……………… 「内面に狂気といえるほどの情熱がある」

会場に現れた中井先生は予想外に柔和で気さくな人物だった。だがその奥底には狂気と言えるほどの格闘技への熱がマグマのように滾っており、知識も豊富で考察も深い。

思えば僕は武道や武術はそこそこ学んできたが、ルールの中で戦う競技格闘技に本格的に取り組んだ経験がなかった。何度か空手の試合に出たが、それも師匠に言われたから出ただけで本格的なものではない。その世界について僕はあまりに無知であることを思い知らされた。

なんとか中井祐樹と対等に話せるくらい格闘技について知りたい。そう思ったこともあって、中井先生の主宰するパラエストラ東京でブラジリアン柔術を学ぶことに決めた。

ただ武道の世界では併修を戒めることも多い。システマをやりながら柔術をやっても良いものだろうか。念のために中井先生に尋ねてみた。

「僕は全てをシステマと思って学んでいます。なので中井先生をシステマの先生と思って学んでいいですか？」

中井先生は笑顔で答えた。

「もちろんですよ」

そしてこう続けた。

「格闘家が武術の要素を取り入れるケースはこれまでにもありました。でも逆は今のところありません。誰か名前のある武術家が柔術で黒帯でも取って、武術の有効性を示してくれたらおもしろいんですけどね」

だったらその最初の一人になろう。僕のブラジリアン柔術での目標が決まった。

とはいえ、はじめて体験するブラジリアン柔術はシステマだけでなく、これまで経験したあらゆる武道・武術とも勝手が違った。そもそも技の数があまりに多く、手順も複雑だ。基本的な技から知りたいと思っても、それ自体の数が多く、何をもって基本とするのかもはっきりしない。さらに技の名前も統一されておらず、同じ技でもいろいろな呼び方があったりするのも、混乱に拍車をかけた。

それでも続ければなんとかなるだろうとクラスに通ったが、一向に上達する気配が感じられない。では他の人はどうしているのだろうと探ってみると、実にシンプルなことがわかった。

練習量が段違いなのである。週に3回、4回は当たり前。ほぼ毎日練習している人も少なくない。週2回程度ではむしろ少ないほうだといえる。柔術で上達できる人は練習量が多い。実に単純だけど揺るがない真実だ。

一般的な武術では週2回がせいぜいで、月に2回ということも珍しくはない。型稽古で自主練できるからという理由もあるが、主な理由は指導者が本業の片手間であるということ、公営の体育館などを借りているという環境面の理由が大きいと思う。

でも専業の指導者と常設の練習場があれば毎日でも練習できる。練習量が増えれば自ずとレベルも上がる。そんな当たり前のことを思い知らされた。ならばシステマも遜色ない環境づくりをしなければいけない。

パラエストラ東京での練習はとても有意義だった。中井先生に手ほどきを受けられたのもよかったし、その一番弟子である佐々幸範先生と湯浅麗歌子先生からも多くを学んだ。湯浅先生は佐々先生の一番弟子であり、世界大会を連覇した超強豪選手だ。とてつもなく緻密で、動作の全てに意味があるお二人のクラスは、まるで武術の型稽古のようだった。

佐々先生は若くして亡くなり、湯浅先生も現役を引退してしまわれたが、お二人の柔術に触れることができたのは僕の中で大きな財産となっている。世界で通用する精密さがどれほどのレベルなのかを、身をもって教えてくれたからだ。

◇達人の条件⑨……………………「精密さの威力を知っている」

僕の場合、夜はシステマの指導があるため日中しか時間が空かない。パラエストラ東京は自宅から離れていることもあって、月数回しか練習に参加できない。練習回数を増やすにはどうしたら良いか。

そう悩んでいる時、自宅から自転車で15分ほどのところにオープンしたのが「PATO STUDIO」だ。内装が小綺麗でインストラクターたちの印象も良かったこと、そして何より平日日中のクラス数が多いことが決め手となって、ここに移籍することに決めた。

入ってみてわかったことだが、代表の西林浩平先生も中村大輔先生も日本を代表する柔術家である。いずれも世界大会で表彰台に立つほどのレベルだ。二人が中心となって組み立てたカリキュラムがとても完成度が高かったこともあって、僕と後から柔術を始めたアヤは急速に柔術のスキルを身につけていくことになる。

他武術との交流へ

今でこそ各界の武術家・武道家・格闘家たちと幅広く交流しているが、システマを始めてからの数年間は外界の情報を一切、断っていた。意図的にそうしていたのではなく、システマ以外の情報を全く受け付けなくなってしまったのだ。だから『月刊秘伝』を買っても、システマの記事以外は全て読み飛ばしてしまっていた。

だがある時、ふとしたきっかけでその意識が切り替わった。

かつてミカエルはこう言っていた。

「あらゆるマーシャルアーツの原点にシステマはある」

はじめてそう聞いた時、「さすがにそれは言いすぎでは？」と心の中でツッコミを入れた。そもそも合気道の開祖は植芝盛平だし、柔道は嘉納治五郎。フルコンタクト空手なら大山倍達（ますたつ）と、創始者が確定しているものも多い。当然、ミカエルはそれを承知のはずだ。なのになぜシステマが全ての武道の源と言い出すのか？　間違いを正そうとする者もいたが、ミカエルは改めることなく、事あるごとに同じことを言い続けていた。

なぜミカエルはあえて、そう発言するのか？

ずっと引っかかっていたその疑問が、ある時すっと腑に落ちた時があった。

システマでは全てのマーシャルアーツの基盤になる部分を扱っている。そういう意図なのだろう。

呼吸・姿勢・リラックス・動き続ける。快適で、省エネで、パワフルで、迅速に動ける身体と精神。

それを培っていけば、あらゆるマーシャルアーツの役に立つ。それどころかスポーツや日常動作も向上し、仕事においても有利に働くだろう。もちろん頭ではそう理解していたし、クラスでもそう説明していた気がするのだが、それがミカエルの言葉と結びついたのだ。

それ以来、あらゆるマーシャルアーツに対する見方が一変した。何を見てもシステマにしか見えなくなったのだ。だから僕が何をやってもシステマにしかならない。

ミカエルはこうも言っていた。

「システマは巨大な本のようなものだ。私が読めるのもそのほんの一部でしかない。インストラクターたちもそれぞれ異なるページを読んでいる。だから自分が読んだページにどんなことが書いてあったのかを他の人に伝える必要があるのだ」

システマという流儀があるわけではない。

意訳するなら「理（ことわり）」が近いのではないかと思う。人間の仕組み、社会の仕組み、自然の仕組み、世界の仕組み。それらを動かしている「理」を理解していく道をミカエルは仮にシステマと呼ぶことにしたのだろう。

その視点で改めて見渡してみると、各界の第一人者が全て、システマという巨大な本の別のページを読み込んだ人たちだとわかる。彼らにはどのようにこの世界の「理」が見えているのか？

そんな好奇心に突き動かされて以来、外部の武術家たちと積極的に交流するようになった。その機会としてシステマ東京でスタートしたのが「勉強会」だ。

イスラエル武術「カパプ」のアヴィ・ナルディア氏、日本韓氏意拳学会会長の光岡英稔氏、横須賀基地教官の山寺圭氏といった錚々たる面々だ。中井祐樹先生にブラジリアン柔術の手ほどきをしてもらうセミナーを主催したこともあった。

自分とは異なる視点、考え方、そして身体の使い方。それらはとても刺激になり、システマをより多角的に見られるようになる。昨今のYouTubeで行っている「達人コラボ」は、僕にとってその延長なのだ。

「啐啄同機」――ミカエルの教え方

こうした交流と並行して、本部でのトレーニングも継続した。パスポートがロシアのビザでいっぱいになってしまったため、アメリカに行く時にはさすがに怪しまれて、入国審査で質問攻めになったこともある。

ミカエルもヴラディミアも、会うたびにさらにその先があることを教えてくれる。どれだけ自分が先に進んだと思っても、必ずその少し先を示してくるのだ。あまりに近いとおごりが生じるし、あまりに遠ければ心が折れる。そのどちらでもないちょうど良い距離感で、先を示してくるのだ。

ミカエルがいつ、技を仕掛けているのかわからず、何年も悩んだことがあった。ミカエルが何もしなくても、相手が崩れてしまっているように見えてしまうのだ。自分が技を受けても同様で、いつ、なにをされているのかがわからない。目を皿のようにして観察したり、繰り返し投げ飛ばされたりした末に「ああ、なにもしていないんだ」と腑に落ちた。相手を崩しているのではなく、ミカエルが自身を圧倒的に整えている。そのため、相対的に相手が崩れているのだ。

ミカエルに上半身がアザで真っ黒に染まるほど、ムチで叩かれたこともある。ナイフを手にした僕をミカエルが返り討ちにするのだけど、それが延々と続くのだ。終わった途端、ダニールが駆けつけて、打たれたところを冷やしてくれた。

ある時は、ミカエルとシャシュカ（ロシア式サーベル）を片手に向き合ったこともある。刃こそ軽く落としてあるため触れる程度では切れないが、先端は鋭利なままだ。ミカエルとの演武は基本的に生徒が技を受ける側なのだが、この時だけは攻守を決めない自由組手だった。

僕の前に立つミカエルが剣を顔の前にかざして一礼した。この時ミカエルの発する雰囲気が一変した。普段の「システマ創始者」ではなく「ロシア古武術の継承者」に変貌したのだ。ミカエルの顔から微笑みが消え、周囲がピリッとした緊張感に包まれた。デモンストレーションの時にミカエルが一礼したのは、後にも先にもこの時だけだ。ミカエルは明らかに、普段の「楽しいシステマ」とは異なるものを僕に見せようとしている。剣を携えて近づくとミカエルの剣がするすると蛇のように僕の間合いに侵入し、いつしか床に倒されている。

先端が刺さって、鋭利な痛みが走る。後でシャツをめくると、点々と皮膚に穴が空いて出血していた。目にも止まらぬ速さというわけではない。どう攻撃を仕掛けてもミカエルは顔色一つ変えることなく、静かで、悠然とした動きで対応する。ミカエルの刃はまるで吸い付くように僕の剣と動きを制し、全身を崩す。

何度仕掛けても、全くなすすべがない。何度も何度も斬られ、突かれ、倒された。かなり長い時間、相手をしてもらっているように感じた。動画を見返してみるとほんの10分足らずと意外に短かったのだけど、この時、僕はミカエルに文字通り剣術を叩き込まれた。間合い、タイミング、剣の軌跡など膨大な情報が僕の中に流れ込み、大脳をすっ飛ばして身体に直接、剣術のなんたるかがインストールされたのだ。

これは自転車に乗るようなもので、剣を手にすれば今でも自動的に発動する。これがどの程度のものか確かめたくて、帰国してから剣術の経験者に相手をしてもらったことがある。日本の古武術に比べるとかなり異質なようで、驚きを隠せずにいたのがとても印象的だった。

「啐啄同機（そったくどうき）」という言葉がある。卵の中の雛鳥が十分成長し、いざ内側から殻を破ろうとしたまさにその時に親鳥が外から殻を突いて、孵化を手伝う。

ミカエルはその達人でもあった。こちらの理解が進み、次の段階に進む準備が整うまさにそのタイミングで、適切な刺激を与えることで飛躍的なジャンプをもたらすのだ。然るべきタイミングだったからこそ、剣術がすんなりと僕の中に入ったのだろう。

ムチでしこたま叩かれた時もそうだった。アザを冷やしてジムに戻ると、ミカエルがみなに聞こえる声で言った。「彼はホンモノのインストラクターになった」。強烈な鞭打を無数に受けるという試練を通じ、痛みと恐怖を乗り越えた。おかげで内側にそれまでにない自信が芽生え、その自信が姿勢や動きに少なからぬ変化を与える。ミカエルは僕の内面に生じた変化を見てとったのだ。小手先の技術ではない、本質的な向上をミカエルはそうやってもたらしてくれるのである。

ミカエルと過ごした時間

そんなミカエルとともに過ごした時間の全てが、僕にとって貴重な財産となっている。東京↓大阪↓ラスベガス↓ニューヨークと、ミカエル一家と一緒に巡回したこともある。ニューヨークのMacy'sでは、ラリッサ婦人の買い物が終わるまで、ミカエルとYouTubeのおもしろ

2019年、東京でミカエルの誕生日を祝う獅子舞を鑑賞するリャブコ一家（右からダニール、ラリッサ夫人、ミカエルの孫のエヴァ）。ミカエルが旅先で誕生日を過ごすのは、極めて異例。それだけ日本への思い入れが深かった。この後コロナ禍で渡航が制限され、ミカエルにとって最後の来日となる

動画を見せ合って時間を潰したこともあった。ラスベガスでの懇親会では、ミカエルが参加者を相手に腕相撲をして連戦連勝していた。

ミカエルが東京に来る際のセミナーのホストを任されていたため、国内に滞在している間はずっと行動をともにしていた。僕のロシア語もミカエルの英語もカタコトなので、言葉は通じない。でもミカエルの一挙手一投足を観察し、ミカエルがなにを求め、なにをしようとしているのかを察しようとしているうちに、少しずつ意図がわかってくる。

すると不思議なことに、セミナーや

クラスでもミカエルがなにを教えようとしているのかがわかるし、ミカエルがいないところでも「ミカエルならこうするだろう」と推測できるようになってくる。かつて職人は内弟子として師匠の身の回りの世話をしながら、仕事を覚えていったという。それと同じように、僕もミカエルと過ごすことで、その人となりや佇まいから、自然とシステマのなんたるかを無意識レベルで学んでいったように思う。

2017年にシステマ東京主催で実現した富士キャンプは、ミカエルと寝食をともにするという価値ある体験を、仲間と共有したくて企画したものだ。リャブコ一家を富士山の裾野の合宿施設に招き、100名程度の参加者と二泊三日をシステマ漬けで過ごした。準備も含めてかなり大変だったし、参加費を安く設定しすぎてしまって収支としては赤字だったけど、やって良かったと思う。

ミカエルは武術の腕はもちろん、指導者としても卓抜していた。あれほど啐啄の機を見極めるのに長けた指導者は、他に思い当たらない。ミカエルよりも丁寧で親切な指導者は世の中に無数にいる。でもその多くは、教えすぎてしまうことで、学ぶ側の主体性を奪ってしまっているように思えてならない。僕にはミカエルみたいな、手取り足取り教えない指導者のほうがずっと親切なように思えるのだけど、世間的にはどうなのだろう。

◇達人の条件⑩……………………「教えすぎず、啐啄の機を待つ」

システマ芸人・みなみかわさん登場

システマの書籍やネットでの情報を通じて、徐々にシステマの名が広がっていった。

僕自身はシステマ伝道師として、そこそこいい仕事をしているように自負していたのだけど、その鼻っ柱を叩き折る人物が現れた。

システマ芸人、みなみかわさんだ。

みなみかわさんは僕が水道橋で受け持っていたクラスに参加していた。芸人だなんて全く匂わせなかったので、僕もいち参加者として接していたのだけど、ある時、突然神妙な顔で「謝らなくてはいけないことがあります」と切り出した。

「実は僕、芸人をやってまして…。システマの芸をテレビでやってしまいました」

深夜番組のオーディションで一発芸を求められ、その場で思いついたシステマネタをやったという。それがバカウケし、オンエアが決まったというのだ。

その事後報告である。

正直「先に言ってよ」と、文句の一つでも言いたくもなる。テレビでシステマが馬鹿にされればミカエルの顔に泥を塗ることになるし、システマを学ぶ人にも迷惑がかかるだろう。

ただ、みなみかわさんの立場を思うと、一方的に非難する気にもなれない。僕もフリーランスとしての下積み時代に、仕事なんて選んでいられなかった。眼の前にチャンスがぶら下がっていたら、多少のリスクは覚悟の上で、迷わず手を伸ばすだろう。その気持ちは痛いほどわかる。だからまずはオンエアを観てから判断しよう。

ネタは今やおなじみのシステマ芸だ。ＭＭＡをやっているという相方のパンチを食らい、必死の呼吸で痛みをこらえてからドヤ顔でキメ台詞を言い放つ。

「ぜんぜん痛くありません！」

不覚にも爆笑してしまった。お笑い芸人にとっての戦いは、笑わせられるかどうかだ。だから笑わせられた僕の完敗だ。システマの最優先事項はサバイブ。みなみかわさんはみなみかわさんなりに、システマで芸能界をサバイブしているのだ。僕には思いもよらなかったやり方で。もちろんシステマ界隈からは批判の声も上がるだろう。でも僕はみなみかわさんの味方でいることに決めた。

みなみかわさんの芸はそれ以降、一気にブームとなった。それも一過性のブームではなくみなみかわさんの代名詞として、息の長い定番のネタとなった。

システマのネタで日本中を爆笑の渦に巻き込んだ芸人、みなみかわ氏と

その影響は計り知れない。ネタとは言え「システマ」の知名度が飛躍的に上がった。それまでは世間的に、システマといえば歯ブラシというイメージだった。それが「呼吸するやつ」に変わった。それによってシステマについての説明が、非常にやりやすくなった。予備知識が全くない人にゼロから説明するよりも、「呼吸をする武術」というざっくりとし

た予備知識があるほうがずっとやりやすい。

ここまで世の中の認識を変えるのがどれだけ大変なことか。何冊も本を世に送り出した身だからこそ、なおのことみなみかわさんの恩恵を感じた。

予想通り批判してくる人もいた。中にはかなり痛烈な批判を浴びせてきた人もいる。その一方で、みなみかわさんを通じて知ったシステマの呼吸のおかげで助かった、という報告もいくつも寄せられた。

中には「陣痛があまりにきつかったので、藁（わら）をもつかむ思いでみなみかわさんのシステマの呼吸をしたおかげで、無事に出産できた」というものもあった。たとえギャグであっても、伝わりさえすれば人を助ける力がある。システマ・ブリージングの思わぬ威力を、僕自身も見せつけられたのだ。

また、みなみかわさんがきっかけでシステマを始めたという人も少なくない。批判的なインストラクターのグループにも、多かれ少なかれ、みなみかわさんがきっかけとなった体験や入会があったことだろう。

ただミカエルはみなみかわさんのネタを見て、ちょっと険しい顔をしていた。ギャグが通じなかったようだ。もし怒られるようなことがあれば、僕も一緒に怒られよう。ミカエルのことだ。事情を話せばわかってくれるだろう。そう覚悟して、みなみかわさんの活動を応援することにした。

システマ東京、ジム運営の戦略

みなみかわさんの活躍もあって、システマの知名度が上がった。インストラクターの人数も増えて都内にシステマのグループも増えた。ただシステマ人口自体が一気に増えている気はしなかった。全体的な傾向として、パイが大きくなるのではなく、一つのパイを食い合っているような状態になっていた。

なぜそんなことが起こるのか。分析してみると理由がわかった。安く練習会場を借りられる場所にいくつものシステマグループが集まってしまっているのだ。そこでシステマ東京ではあえて、都内で最も会場代が高いエリアに移転させた。赤坂にある芸能学校のレッスンスタジオが夜、空いていたので、月〜金で毎日借りることができたのだ。

毎日、この時間にここに来ればシステマができる。そういう環境があれば、おのずと練習頻度も増え、レベルも向上するだろう。実際、常設の柔術ジムにはそうやって、仕事後のリフレッシュのつもりでほぼ毎晩練習を積み、プロを凌ぐ実力になってしまった一般人がゴロゴロいる。そういう環境を、システマで作りたかったのだ。

固定費が急増するため、ビジネスに詳しい知人に相談をした。「システマで食っていこうだなんてムリ」と鼻で笑う人もいたけれども、親身なアドバイスをくれる人もいた。中でも経営コンサルタントとして名高い塩野誠さんや、福祉事業を手掛けるGさんの助言はとても役立った。

常設ジムとなったことで、近藤豊さんや伊藤烈(いさお)さんといった僕のもとでライセンスを取得したインストラクターたちにも指導経験を積む機会を提供できるようになった。生徒だけでなく、僕以外のインストラクターがスキルアップできる環境づくりもまた、国内のレベル向上には欠かせない。彼らの協力もあってシステマ東京のメンバーは順調に増え、練習の質も高まった。

運営母体として「株式会社アトス」を設立し、小さいながらも経営者となった。これは前述のGさんに「北川さんはもっと、経営者側の視点を理解したほうがいい」とアドバイスをされたからだ。

モスクワ本部・執務室には、ミカエルに会うために様々な人が訪れていた

経営者や会社役員といったいわゆるエグゼクティブは、被雇用者と全く異なる論理で行動し、別種のストレスに悩まされている。それを理解することで、相談に乗ることのできる幅が広がる。それに会社経営にシステマを役立ててもらえれば、本人だけでなく従業員やクライアントにも恩恵を伝えることができるだろう。

僕は、現実世界で本当にスゴい人はビジネスシーンにいると思っている。何千人という従業員とその家族の生活を守って決断を下すなど、並大抵の胆力ではない。ビジネスシーンには、そういう極度のストレスの中で丁々発止の戦いを繰り広げる人たちがひしめいているのだ。どれだけ武術の腕が立っても、その厳しさには遠く及ばないだろう。

ミカエルは本部の執務室で様々な相談に乗っていた。軍の幹部が来ることもあれば、離婚や健康の相談に乗ることもあった。ビジネス関連の相談も多く、ビジネスパートナーの斡旋などもしていたらしい。ミカエルもまたビジネスの重要性を説き、日本では美談とされがちな無料で教える指導者に対しては、批判的だった。

僕もまたマーシャルアーティストの端くれとして、やはり苛烈な戦いの場に身を置くべきだと思う。慣れた環境に閉じこもってばかりでは、やはり身も心もナマってしまうものだ。そうやって快適な現状に満足し、停滞してしまった大人をイヤというほど見てきた。

とはいえ、まだまだビジネスシーンに関しては第一線に立つ資格さえ得られていないのが現状だ。ミカエルのように多くの人の役に立つには、まだまだ力量も経験も足りないことを痛烈に感じる。

世を覆う恐怖との戦い

2018年に会社を設立し2年も経過する頃には、かなり軌道に乗っていた。クラスは順調に運営でき、自身のトレーニングも順調に積むことができていた。そんな2020年の初頭、不意に登場したのが新型コロナウイルス（Covid-19）だ。それ以来、世界は一変した。

なにか異変が起きたらまず情報収集し、状況を分析すること。

ミカエルからそう学んでいた僕は、まず情報収集に着手した。テレビや新聞が発信する情報は明らかに混乱しており、あてにならない。だからまずCovid-19というウイルスそのものをざっくり理解するように努めた。「新型コロナウイルス」と騒がれているが、そもそも従来型コロナウイルスとはどういうものなのか？　何がどう新型なのか？

それら基礎知識を調べていった結果、僕や家族くらいの年代の人にとっては、健康管理に努めて免疫さえ保っていればそこまでの脅威ではないだろうと判断した。そもそもウイルスにとって人類は敵ではない。大事な宿主だ。だから人体にとって無害な方向に進化し、よくある普通の風邪の一つになるだろう。世の中もじきにそのことを理解して、騒動も沈静化するはずだ。

この予測は半分当たって、半分外れた。Covid-19そのものに対しての分析についてはそこまで大きく外れていなかったと思う。でも混乱がここまで大きくなり、長期化したのは予想外だった。

夜の街から灯りが消え、世界中の人の顔が布切れで覆われた。店舗はアクリル板やらビニールシートで仕切られ、ソーシャルディスタンスと称して他者との触れ合いが禁じられた。

特に苦労したのはマスク越しの会話だ。僕は片耳が聞こえていないため、会話のかなりの部分を唇を読んで補っている。だから飲み会など大勢の人が雑多に会話する場がかなり苦手だ。話についていけずに隅で黙ってスマホをいじっていることも多い。そんな僕は、マスクとそこここに吊り下げられた薄汚れたビニールシートによって、世の中の人たちが何を言っているのか全くわからなくなってしまった。

唇が読めないことがこんなにもストレスで、恐ろしいことなのか。意外なところに潜んでいた恐怖に僕は直面させられた。しかも期限も達成条件もない。いつ晴れるかわからない闇に世界が包まれたような暗澹(あんたん)たる気分だった。

でも沈んでばかりではいられない。この闇と戦わずして何が武術家だ。マーシャルアーツだ。僕はそう自分を奮起させた。戦うべき相手はこのパニックであり、それを生み出している「空気」だ。どんどん息苦しくなるこの世界で、システマ東京だけは絶対に最後まで、楽で深い呼吸を守る場として存続させることにした。せめて僕のそばでだけは深く呼吸してもらう。それが僕の戦いだ。

僕自身はクラスでマスクも着けず、生徒に着用させることも一切しなかった。一切、任意だ。着けたい人だけ着ければ良い。もしそれでクラスターでも発生して被害が出るようなら全て、自分で責任をとるつもりだった。昔風に言うなら切腹でもすればいい。そんな覚悟だった。

呼吸法はシステマの核だ。その先生として、生徒の呼吸を妨げるようなことをできない。「呼吸しましょう。でもマスクしながら」なんて矛盾に僕は耐えられなかった。生徒たちに安心してもらうには、まず自らが身をもって「空気」に抗う姿を見せなくてはいけない。

しかし参加者は急速に減っていった。コロナ騒動による収入減や、僕の方針に共感できないための退会もあった。僕を非難して去っていった古株メンバーもいる。ただ多くの人は来たくても来られない状況に追い込まれていった。職場の意向や家族からの反対だ。

システマ東京は、練習会場が閉鎖されても別の場所を探してクラスを続け、どこも閉鎖されてしまってからは公園に場所を移した。緊急事態宣言の直前、人気のなくなった街の夜の公園で、歓声をあげながら練習する仲間たちの姿に、涙ぐみそうになったこともある。

コロナ騒動はウイルスそのものよりも、それに対する人間たちの恐怖心によるものだ。集団心理の生み出したパニックだ。そして恐怖とは、無知からもたらされる。これもミカエルが教えてくれたことだ。身近な人たちから楽しみと深い呼吸を奪ってしまう集団心理の不条理さと、それに対する無力感を痛感した。

システマ東京の理念は「世界の呼吸を深くする」だ。だが現実は逆方向に進行し、世界の呼吸はどんどん浅くなっていった。呼吸が浅くなれば当然、健康面に悪影響が起こる。短期間なら大したことないが、長期間に及べばさすがにダメージが蓄積する。

より好ましくないのが精神と思考への影響だ。呼吸が浅くなれば恐怖や怒りといったネガティブな感情に囚われやすくなり、思考も短絡的になる。そうすれば無駄な諍いが増え、それによって傷つけ合う人も出てくるに違いない。

さらに緊急事態宣言による経済の停滞は治安の悪化を招くだろう。テレビやネットで伝え聞く情報、そして世の中に立ち込める雰囲気からは、案じた通りに世界の呼吸が少しずつ浅くなっていっているのを感じた。

この状況と戦うために始めたのが、オンラインクラスだ。コロナ禍で急速に知られ始めたビデオ会議プラットフォーム「Zoom」を使っての生配信だ。

コロナ禍にシステマ東京が主催していたオンラインクラスの一場面

システマ東京のメンバーだけでなく、ステイホームで家にこもる人たち皆にシステマの呼吸をしてもらいたい。だから完全無料とした。Twitter（現在のX）などのＳＮＳに公開したアドレスにアクセスすれば、誰でも参加できる。これをほぼ毎日、ランチタイムと夜の２回実施した。今思えばかなりの労力だけど、そうせざるを得ないほどの危機感に駆られていたのだ。

ただ塞翁が馬というか、同時期にヴラディミア・ヴァシリエフのオンラインクラスが始まったことにかなり助けられた。そもそもヴラディミアに学ぶにはカナダの本部に行くか、年に一度の来日セミナーに参加するしかない。それがほぼ毎週、リアルタイムで最新情報を学ぶことができるのである。ただ時差の関係で日本からの視聴は深夜になるため、交渉して日本時間でも参加しやすい時間帯にクラスを追加してもらった。

「ネットで伝えられることなんてたかが知れている」と、はじめは渋っていたミカエルも、オンラインで教えてくれることになった。カナダやモスクワのロックダウンは日本の緊急事態宣言より、ずっと厳しい。そのためマスターたちもセミナーやクラスといった主な収入源が断たれてしまっていた。万が一、経済的な理由で本部が閉鎖されるようなことがあれば、騒動が明けてから学びに行く場が失われてしまうことになる。それは断じて避けたかった。

だからマスターたちによる日本向けオンラインクラスを主催する。これはマスターたちを金銭的に支援しつつ、最新情報を学ぶことができるという意味でまさに一挙両得だと判断したのだ。

ミカエルが起こす不思議議現象

オンラインクラスではミカエルとヴラディミアから様々なことを学んだ。コロナ前にはありえないことだったので、むしろ贅沢な時間といえた。

世界的にステイホームが余儀なくされた頃、ミカエルは野外を裸足で歩くことと、自分自身の身体をマッサージすることを推奨していた。

特に勧めていたのは、自分自身の身体を叩くエクササイズだ。拳を軽く握り、重みに任せるようにして自分の胸や腹を打つ。それも100回単位で。そうすることでステイホームで運動不足の身体をゆるめつつ、ストライクの練習ができるという。

もちろん自分を傷めない適度な強さで打つのだが、ミカエルは基本的に100回単位で指示を出す。質の高い稽古が大切と言うが、量をこなさなければ質の善し悪しなどわからない。だからまずミカエルはまず回数をこなさせる。すると不思議とミカエルの言わんとするところがわかってくる。

ある日のオンラインクラスでは、立った状態で左右にゆっくりと回転するだけのエクササイズを2時間ぶっ通しでやったことがあった。ひたすらゆっくりとその場で、回るのだ。こんなシンプルな内容で参加者たちは不満に思うのではないか。主催者としては気が気ではなかったけれども、とにかくミカエルの指示通りにこなした。

マーシャルアーツ的な対人ワークが指示されたのは、ようやくセミナーも終盤に差し掛かった頃だ。システマのクラスではポピュラーな、何の変哲もないワークだ。だが一緒に練習していた参加者たちの動きが明らかに異なり、驚くほどスムーズに技を成功させていたのだ。

ミカエルの周囲では時に不思議なことが起こる。

それはオンラインクラスでも健在だった。ナイフディフェンスを学ぶクラスでのことだ。ミカエルが実物のナイフで実演している最中、受けをとっていたダニールがミスをして手を切ってしまった。それも正確に指の腱の位置を狙っており、もう少し深く切れていれば満足にナイフを握れなくなる部位である。

あまりの正確さに驚いたダニールが興奮気味に傷口を参加者たちに見せてきた。そのクラスはまもなく休憩時間に入ったのだが、休憩後にダニールが目を丸くしてもう一度同じ部位を見せてきた。傷がなくなっているのだ。

休憩時間中にミカエルが傷口にナイフを押し付け、ダニールに呼吸するよう指示したという。そうやって数分経過したら、止血するどころか傷が塞がってしまったのだ。

ミカエルはただごともなげに、「傷口に残っていた恐怖心を取り出したんだ」とだけ言って、何事もなかったかのようにクラスを再開した。

ミカエルはうっかりしたら見逃してしまうような、小さな奇跡を度々起こす。でも決して自慢することはない。そんなミカエルが唯一、自慢げな顔を見せたことがある。友人からもらったという、高級腕時計を見せつけてきたのだ。「ネットでいくらするか調べてみろ」と、満面の笑みで言ってくる。武術の腕も、世界中に弟子がいることも一切誇らないのに、腕時計は自慢する。そういう人間臭さがミカエルの魅力だ。

後日、3年ぶりに来日したヴァシリエフ夫妻とホテルのラウンジで歓談している時、ヴァレリー夫人がしんみりと言った。

「街がロックダウンされても本部のテナント料は普段通り発生する。存続の危機の中、タカたちからの送金に本当に助けられた」

コロナ禍に僕がトロント、モスクワ両本部に送金したのは正直、かなりの金額に及ぶ。僕がマスターたちから授かった財産に比べれば微々たるものだけど、多少なりとも恩返しができたようで、本当によかった。彼らに学んだ時の動画は全てアーカイブとして保存してある。今は多忙で手がつけられないのだが、いずれ全て一般公開するつもりだ。ミカエルが教えていたこと、語っていたこと、その人となり。それは人類共通の財産だと思うからだ。

Chapter 3

交流

Alternating Current

塩田将大先生とのコラボから

コロナ禍を機に、システマ東京ではオンラインでの活動に力を入れた。ただ予想外だったのが、YouTubeでの展開だ。まさか自分がYouTuberになるとは、思ってもいなかった。本書の読者には、矢地祐介選手のヤッチくんチャンネルや、坂口拓の狂武蔵たくちゃんねるで僕を知った人が多いのではないだろうか。

それまでの僕にとって、YouTubeは観たい動画を検索して観るだけの動画データベースだった。テレビに替わる存在になっていることさえ知らなかった。マスターから学んだことを日本に伝える。その活動に没頭していた僕はいつの間にかに世の中から取り残されていたのだろう。

最初のきっかけとなったのは、塩田将大(まさひろ)先生(塩田合気道)からのコラボ依頼だった。塩田先生から「YouTubeでコラボしてほしい」との打診があったのだ。

塩田先生といえば合気道の大家であり養神館創設者の塩田剛三館長の直系の孫。塩田剛三先生の著作『合気道修行』と『合気道人生』(共に竹内書店新社)は何度も読み、映像も繰り返し観た。そんな方のお孫さんがなぜ僕にオファーしてくるのだろう？　お会いするからにはあらかじめ、できる範囲で情報を把握しておかないといけない。そう思って塩田先生のチャンネルをチェックした。

そこではじめてYouTubeで起こっていることを知ったのだ。名だたる武道家がYouTubeでチャンネルを開設し、自らの技術を公開している。貴重な情報も少なくない。自分のチャンネルにゲストを呼ぶ「コラボ」なるものを知ったのもこの時だ。

武道団体はとかく分裂しやすく、対立しやすいもの。他流の武道と交流するなど、許されることではないという風潮があった。僕自身、空手を学んでいた時にヒクソン・グレイシーの見様見真似で三角絞めの練習をしていたら、師範に怒鳴られたことがあった。しかし今の武道家は、いとも簡単に垣根を越えて交流をする。特に塩田先生のフットワークの軽さは、異常なほどだった。

塩田将大先生とのYouTubeコラボから、武術系YouTuberの道に

実際にお会いした塩田先生は童顔の好青年という印象。ただ驚かされたのは、塩田剛三先生直系の孫というサラブレッドでありながら、他ジャンルの人から学ぶ腰の低さだ。

武術でも武道でも、ちょっとした行き違いから組織が分裂する例をたくさん見てきた。システマ界隈もまた例外ではない。やはり解釈や志向の違い、人間的な相性からいくつかのグループに分かれている。かつて僕もシステマを学ぶ皆が交流できるよう、システマグループの垣根を越えた合同稽古会を主催したことがあったけど、なかなか大変だったのでやめてしまったこともあった。

でも塩田将大先生は養神館関係者だけでなく、合気会系、大東流系など各流派の人とも気軽に交流する。時には「他流とは関わらない」と拒絶されたりしつつも、「もっと合気道を学びたい」という熱意で、交流の輪を広げていったのだ。

…YouTube ではなにかおもしろいことが起こっている。

そう感じた僕は、武術系 YouTube の動画を観まくった。するとその渦の中心にいる人物の名が浮かび上がってきた。ジークンドーマスター石井東吾とウェイブマスター坂口拓だ。

システマをより多くの人に役立ててもらう。そうやって日本全体、いや世界全体の人々の呼吸を深くする。それがシステマ東京のビジョンだ。でも現状のシステマは日本全体に及ぶ以前に、「武術」というマニアックな枠の外にすら出られずにいた。

監修も含めればそれまでに11冊ものシステマ関連本を上梓したけど、期待したほどの効果が得られなかった。そのため本を書くモチベーションも下がり、2016年刊行の『人生は楽しいかい？』（夜間飛行）以来、システマ本の刊行が途絶えた。

『人生は楽しいかい？』は予想外にもオーディブル版が爆発的なヒットを記録。ジャンルごとではなくAmazonオーディブル全作品の中で、日本一になったこともある。さすがにその影響は大きかったのだけど、あっさりとその上をいってみせたのが東吾先生と坂口拓ちゃんだ。

東吾先生はいわずと知れたジークンドーの指導者。僕もかつて古武等会時代に、ジークンドーの手ほどきを受けたことがある。ブルース・リーの高弟の一人、ダン・イノサント師系の「コンセプト派」だ。東吾先生のジークンドーはそれとは異なる。ブルース・リーのスパーリングパートナーだったテッド・ウォン師直系の「オリジナル派」だ。

「コンセプト派」はブルース・リーが様々な武術を研究していた時期の影響を受けているため、今でも他の武術を積極的に取り入れる。コンセプト派の筆頭、ダン・イノサント師はかなり高齢ながら、システマの練習もしているそうだ。イノサント師の高弟で僕とも親交のあるバート

武術のイメージを一躍ポップ化した東吾先生とヤッチくんチャンネル（右から植野行雄氏、矢地選手、東吾先生、著者）

ン・リチャードソン師はアフリカの武術まで取り入れているほどだ。

一方のオリジナル派はブルース・リーが晩年に自身のスタイルを確立した時期の影響が色濃い。だからストレート・リードを始めとするブルース・リーの技法を忠実に実習する。

イノサント師が映画『死亡遊戯』に出演して知名度が高いこともあって、世界的にも日本国内でも盛んなのはコンセプト派のほう、オリジナル派は少数派という印象だった。つまりマニアックなジークンドーの中でもさらに少数派のオリジナル派。それをもってここまで世の中にインパクトを与えた石井東吾の破壊力に度肝を抜かれた。

東吾先生にお会いする機会は意外に早く訪れた。東吾先生のことをTwitterで書いたら、なんとご本人から「交流しましょう」とのお返事をいただけたのだ。そこにヤッチくん、つまり矢地祐介選手が「ぜひヤッチくんチャンネルで！」と乗っかってくれたことから、トントン拍子で話が進んだ。

東吾先生は動画で見た通りの気さくでチャーミングな人物だ。

僕はどうしても人を動きで見てしまう癖がある。その人の言動よりも、動きを見たほうが人となりがよくわかる気がするのだ。そもそも僕はなんでも真に受けやすい性格なので、嘘をつかれたらそのまま信じ込んでしまう。それよりも動きを見たほうが間違いがない。その動きと体型からその人がどんな訓練を、どれだけ積んできたかがわかるからだ。

東吾先生の動きは「とても流動性が高い」という印象だった。それもかなり。ジークンドーの核となる前手でのパンチ「ストレート・リード」では、後ろ足で得た地面からの反力を拳へと伝えるという。まさにその言葉の通り、後ろ足から右拳へときれいに力が流れている。

「これだけ流動性が高いのなら、もしかしたら衝撃を逃がすのもうまいのでは？」と、実はシステマのパンチを説明する際に、東吾先生に重めのパンチを入れた。でも見事に衝撃を分散さ

「力の流れ」に則った東吾先生のハイレベルな動作は、まさに衝撃だった

せ、僕がこっそりお伝えした、「力の流れ」がわかる人にしか理解できない一言も、たちどころに会得されていた。

僕はシステマのトレーニングで「力の流れ」をとても重視している。その流れに乗ることが即ち技であり、トレーニングとはそれを妨げる要因を取り除いていくものだと認識している。でもこのことを伝えることに、絶望的な難しさを感じていた。一見柔らかくみえても内側に流れのない動きと、流れがある動きは全く質が異なるためだ。

東吾先生の動きは明らかに「力の流れ」に則っていた。こういう見せかけだけでない「力の流れ」を使いこなす人が世の中で評価されているということに、改めて驚きを感じた。

東吾先生との出会い以降、僕もステップワークに再注目してシステマの体の使い方で何ができるかをずいぶん研究した。東吾先生の動画で足元がどう動いているか観察して、見様見真似で動いた。やはりコラボの醍醐味は、未知の体の使い方に触れることができること。それによって自分の可能性が広がることだと思う。

東吾先生の掌打を僕が受けた動画がバズったことで、僕とシステマの注目度が急上昇することになる。僕としては、おじさんがお腹を打たれている動画がなんでこんなにウケたのか、正直今でもわからない。

ただやはり近年の武術系 YouTuber ブームの火付け役として、「ヤッチくんチャンネル」は間違いなくその一つに数えられるだろう。「高純度」などの流行語を生み出したヤッチくんチャンネルは当時ポップなエンタメ寄りだったし、みなみかわさんも一緒だったので、僕もそのようにシステマを紹介した。そのおかげでシステマの知名度も一気に上がった。

でも実は当のヤッチくんはこの時のことがずっと引っかかっていたらしい。

2年後、ヤッチくんチャンネルのリニューアルに合わせて、「もう一度コラボしません？」と連絡をくれた。

「結局あの時、システマって何なのかうやむやなまま終わっちゃいましたよね？」

ヤッチくんはただチャンネルを盛り上げるためだけに僕に声をかけたのかと思いきや、本当にシステマから何かを学び取ろうとしていたのだ。だから久々のコラボでは、エンタメ要素は度外視して、システマの呼吸や打撃の理論をお伝えした。

ヤッチくんはとても喜んでくれたのだけど、そこはYouTuberのサガ。「システマの呼吸で辛さに耐えられるのか」という企画をぜひやりたい、というプロデューサーのたっての希望で、ヤッチくんとアシスト役で参加してくれたアクション俳優の虎牙光揮さん、そして僕の三人で激辛ソースを飲むことになる。

肩甲骨から指先へのウェイブ

先ほど書いた通り、僕は言葉よりも動きを見て相手のことを判断する。だから動きの練られた人、美しいと感じる人は単純に信頼する。読者の皆さんにはもしかしたら意外かもしれないけど、僕は坂口拓もちゃんと武術家として信頼している。たしかにYouTubeではおちゃらけたキャラだし、飲み会でのトークも何が本当でウソかわからない。相方の太田Pでさえ、どこまで本当なのかわからずネットで検索したりしているらしい。

そんな拓ちゃんを「ちゃんと練習している人だな」と感じたのは、実は指の動きだ。拓ちゃん自身「肩甲骨に依存する」と言うように、肩甲骨がとても良く動く。ただその力を活かせなければ意味がない。肩甲骨が動くだけの人と、肩甲骨の力を使える人との間には雲泥の差がある。その違いが如実に現れるのは、実は指だ。

拓ちゃんの場合は、肩甲骨から発生したウェイブが途切れることなく、指先まできれいに伝わっている。肩甲骨を動かせても、その力が手首や肘で途切れてしまう人が多いのだけど、拓ちゃんはそうではない。指先までしっかりと波が通って、生きていた。これは特にナイフ術など繊細さとスピードが必要とされる技術で強力な武器となる。

僕の知る達人たち、ミカエル・リャブコや雀鬼こと桜井章一氏や刀禅の小用茂夫師も、指先の動きが驚くほど繊細だった。それもあって、僕自身も指先はかなり意識して練習しているのだけど、そのような武術家はどちらかといえば少数派な印象があった。それだけに拓ちゃんの指を見た時、数少ない仲間を見つけたような気がして、ちょっと嬉しかったのをよく覚えている。

僕と拓ちゃんが初めて会った日。太田Pが考えた企画は、同じ軍隊武術同士ということで、拓ちゃんの師である稲川義貴先生と僕が会うというものだった。

まずはナイフ、シャベルといったお互いの武器術の披露だ。初めて目の当たりにした稲川先生のシャベル術は圧巻だった。大鉈で相手の首を跳ね飛ばすような一撃必殺の威力がある。一方、僕が学んだシステマ式のシャベル術は、細かく何度も斬りつける。同じスペツナズシャベルを使っても、こうも用法が異なるのかと感動した。

稲川先生とは実は共通の知り合いが多く、撮影そっちのけでその人たちの話で盛り上がってしまった、なんて一幕もあった。稲川先生とはすっかり打ち解けたのかと思いきや、アイディアマンの太田Pはこれだけでは終わらせてくれない。「絶対にバズるから」というたっての依頼で、僕が稲川先生のパンチを体験することになった。

そもそも拓ちゃんのウェイブパンチの威力がスゴいのに、その師匠のパンチとなればどれだけのものか想像できない。さすがの稲川先生も、初対面の僕にパンチを打ち込むことに遠慮があるようだった。あまり乗り気ではなかったのだけど、太田Pの熱意に押されて稲川先生もしぶしぶ承諾した。

稲川先生の前に立って呼吸を整える。東吾先生の時と同じく、予期せぬ衝撃が来ても最大限に分散できる、ある特殊な呼吸法を使った。稲川先生が小脇に構えた拳を僕のお腹に向けて一閃する。これまで受けた誰の打撃とも異なる。打撃というよりむしろ斬撃だった。稲川先生のルーツとなった古流剣術がベースになっているのだろう。

拓ちゃんがゼロレンジコンバットを集中的に学んでいた頃、稲川先生は今よりトガッていてあまり細かなことを教えてくれなかったそうだ。それでも拓ちゃんは食らいついて稲川先生のあの高度な体捌きを見取り稽古で学びとった。さらには「ウェイブマスター」の称号を授与されるところまで洗練させた拓ちゃんも、そこまで育てた稲川先生も本当にすごいと思う。

また特筆すべきは、拓ちゃんの本番での異常な強さだ。スイッチが入るとパフォーマンスが何倍にも跳ね上がる。それは「狂武蔵たくちゃんねる」の動画でも随所で見られるし、映画『1%er（ワンパーセンター）』の撮影現場で垣間見た坂口拓もそうだった。

拓ちゃんはもちろん優れた武術家だ。でもやはりその真価を発揮するのは、アクション俳優として振る舞う時だ。『七人の侍』を超えるサムライ映画を撮るのが目標とのことだけど、拓ちゃんならやれる気がする。

武術系YouTuberの一員に

ヤッチくんチャンネルと狂武蔵たくちゃんねるの余波で、システマ東京のYouTubeチャンネルの登録者数が飛躍的に伸びた。そもそもみなみかわさんのおかげでシステマの知名度が高

南インドの伝統武術カラリパヤットゥのニディーシュ師（右）と浅見千鶴子師（中央）

かったのも幸いした。

自分の力ではなく、ひとえに周囲の人に引き上げてもらえたことによるものだ。こういう風に恩を受けたら、相手に恩を返すだけではなく、そのバトンを後進に繋げなくてはいけない。そうやって恩は連鎖させ、より多くの人に届けるべきだ。だから僕は自分が「本物だな」と思う人たちを、自分のチャンネルで紹介することにした。

カラリパヤットゥのニディーシュ師もそうだし、影武流の雨宮宏樹先生もそうだ。雨宮先生と出会ったのは、ヤッチくんチャンネルでの企画だ。ヤッチくんが僕、雨宮先生と三人で瓦を割るというものだ。

真夏の暑い日。雨宮さんは僕より一回り大

きい体を縮こまらせて挨拶をしてくれた。聞けば武田家の護衛をしていた家伝武術で500年の歴史を持つという。なにやらすごい伝承だけど、ただこの手の話は真贋がわからないのが難点だ。もちろん雨宮先生が嘘を言っているとは思わない。でも古伝武術と喧伝されていたのが、実は近世の創作だったなんて話もまた武道界隈のあるあるなのだ。だから僕は体の動きを見る。体の動きは嘘をつかないからだ。

僕は雨宮先生が瓦を割る様を、背後から眺めていた。

瓦に手を当てた雨宮先生が、準備運動で一瞬、背中をうねらせた。それを見て僕は、この人がちゃんとした稽古を積んできた人だと察した。背中を通り抜けた波が、湖面に立つさざなみのように、細やかでとても柔らかかったのだ。よほど繊細に体を扱う稽古を、たくさん積んできた人ではないとそうはならない。

影武流合氣体術の雨宮先生、矢地選手と一緒に瓦割りにチャレンジ!

影武流は伝書の類が全く残されていない。あるのは口伝の伝承だけだ。だから伝承の正当性を担保する手段がない。それは古来の古

影武流は 1520 年（永正 17 年）より代々、一子相伝にて継承されてきたという

武術として周知させるうえで、かなり大きな弱点となる。だったら取るべき手段は一つとなる。雨宮先生がその実力で認めさせる他にない。

僕はそれが可能だと確信した。瓦割りの時の背中の動き。それが僕の中の根拠の全てだった。ヤッチくんチャンネルの視聴層は比較的ライトな層だ。バラエティ的な感じで魅力的にとりあげる反面、ディープな技術や身体技法については掘り下げないだろう。だったらシステマ東京チャンネルで深掘りしたらいいんじゃないか。そうやってヤッチくんチャンネルで発掘した武術家が本物であるということを、別の方向から示したらヤッチくんチャンネルへの恩返しにもなるのではないか。

雨宮先生とのコラボ撮影で僕自身も影武流の技を体験し、その底知れない実力を確信することができた。身体技法のクオリティが高いのはもちろん、初見殺し的な引き出しが多いことにも驚かされた。現代の武術愛好家は幅広く技を収集するタイプと、原理を深く掘り下げるタイプに大きく分類されるように思う。雨宮先生はその両方を高いレベルで修めた方だと思う。

その後、雨宮先生はその実力をもって、YouTubeを賑わす武術家の一強として名を馳せることとなったのは、読者の皆さんの知る通りだ。

試合でも超絶的に強い達人

期せずして僕はYouTubeでの「達人界隈」の一員に数えられることとなり、多くの武術家、武道家、格闘家と会うこととなった。

僕は武術・格闘技・武道の三つを次のように分類している。

・武術……試合がない。武器の使用を前提とする。生死を扱う。

・格闘技……試合がある。基本的に武器を使用しない。勝敗を扱う。

・武道……格闘技に精神性をもたせたもの。死生観を踏まえつつ、勝敗を扱う。

この三つの中で、おそらく最古のものは格闘技だろう。

相撲やレスリングに類するものは世界中に存在する。セネガル相撲然り、沖縄相撲然り、キャッチ・アズ・キャッチ・キャン然り、モンゴル相撲然り。世界中に「倒されたら負け」という格闘技が存在しているのだ。

これはどこか単一のルーツから世界に広まったのではなく、人間ならどこでも誰でも似たようなことを考えるということだろう。話し合いで解決しない問題など、お互いに傷つけ合うことなく決着をつける手段として、考え出されたのかもしれない。試合においてしのぎを削る現代の格闘家たちもその歴史に連なる者たちと言えるだろう。

この分類において僕は試合で勝つことをゴールとしない「武術家」にカテゴライズされる。だからYouTubeコラボで出会った格闘家たちは、いわば畑違いの人たちだ。そんな彼らとの交流は、とても刺激的だった。

武術界隈には「試合のある武道なんて、実戦の役に立たない」という意見がある。僕も武術歴が長いこともあって、その意見を鵜呑みにしていた時期があった。空手の大会に出た際に審判の誤審や謎の判定で納得のいかない負けを何度か喫したという苦い経験も影響していた。その認識が完全に改まったのも、YouTubeコラボのおかげだ。

福地勇人先生、古コンさん、纐纈（こうけつ）卓真先生といった空手王者たちは、かつて空手を学んでいた頃の僕からしたら天上人のような存在だ。僕の中でフルコンタクト空手といえば、真正面から下突きとローキックを打ちまくる我慢比べのような印象だった。でもそれははるか昔のことで、今やかなり技術的にも戦術的にも進化している。

フルコンタクト空手の頂点を極めた纐纈先生（右）（左はプロレスラーの鈴木秀樹選手）

纐纈先生の理論の精密さ、学びへの貪欲さは凄まじい。システマの身体技法まで瞬く間に取り入れて、それまでは無理だと思っていた体勢からパンチを打つ技術を開発してしまった。纐纈先生は誰とコラボしても、全て自身の空手の糧にしてしまう。

おそらく纐纈先生にとって、目に映る全て

が空手の糧なのだろう。空手の指導の他、動画編集やオンラインサロン運営など業務は多岐に及び、1日あたりの睡眠時間が3時間を切ることもザラという。そのブルドーザーのような仕事ぶりの原動力は、マグマのように煮えたぎる空手愛だろう。本当の空手家の目には全てが空手の糧として映ってしまうのだ。

◇達人の条件⑪……………「知的好奇心が強烈」

福地さんと古コンさんもまた、フルコンタクト空手の世界王者である。なのに動画の撮影のノリはまるで男子中学生の放課後のそれだ。それでも単なるおふざけではなく、爽やかで好感が持てるのは、ひとえにその根底に「フルコンタクト空手の魅力を伝えたい」という熱意があるからだ。

怖い、痛いといったネガティブなイメージを払拭し、多くの人たちに親しんでもらうためにあえてピエロ役を買って出ている。だから単なる目立ちたがり屋とは全く異なるし、愛される

王者の実力を備えながらも、軽いノリでフルコン空手の魅力を発信する福地選手（左端）と古コン氏（中央右）（右端はスポーツトレーナーの佐々木勇介氏）

のだろう。

その点では、元日本代表の多田野彩香さんもそう。こちらは福地さんたちと異なる伝統派空手だけど、やはり空手の魅力を伝えたいという思いが根底にある。コラボ撮影の時には、多田野さんが指導する「空手ＦＩＴ」を体験させてもらったけど、こんなに楽しく空手の基本動作を身につけさせる方法があったのかと、目からウロコが落ちる思いだった。子どもや女性が楽しみながら、空手のきれいなフォームを身につけられるように考え抜かれていた。

自分のやっている武道の魅力を伝えたい。さらなる高みを目指したい。そのためなら恥をかくことも厭わない。過去の栄光にすがろうだなんて、微塵も思わない。大義の実現という大きな欲が、目先のプライドを満たそうという小さな欲をはるかに凌駕している。これはYouTubeコラボで出会う達人たちの大きな共通点だと思う。

◇達人の条件⑫…………………

「恥をかくことを厭(いと)わない」

コミュニケーションとしての格闘技

試合では一対一で相手選手と向き合う。それは対立であると同時に、言語とは比べ物にならないくらい濃密なノンバーバル（非言語）・コミュニケーションが生まれる。そのことも格闘家たちは身をもって教えてくれた。

空手のオリンピック代表、植草歩選手とオリンピックルールで組手をさせてもらった時のこ

KARATE1 プレミアリーグ等、世界大会を 20 回以上制覇した植草選手の突きを被弾!

とだ。結果は当然、ボロ負けだ。でもオリンピックに出るほどの人と一瞬でも向き合えたのは、貴重だった。打撃の隙間の一瞬に、驚くほど濃密な情報戦が展開するのだ。スピードや技術ももちろん際立っていたのだけど、より印象に残ったのはその情報戦だ。

植草選手は終始楽しそうで、試合動画を見ても試合中に笑みがこぼれたりしている。何をそこまで楽しんでいるのだろうか？　おそらく植草選手は勝負の最中に超高速で展開する非言語の会話を楽しんでいるのだ。議論で相手に勝つなら、大きな声で相手を黙らせたり、揚げ足をとったりすることも必要かもしれない。でも決して上策ではないし、負けた側にとっても後味の悪さを残すだろう。

それよりも活発な意見交換によって、お互いが結果に満足できるような議論が理想だ。植草選手との組手からは、そんな印象を受けた。そしてそれが王道として世界のトップクラスで通用していることを嬉しく思った。楽しく健全なコミュニケーションのできる人間が強い。植草歩選手は自らの強さをもって、そう証明してくれているように思う。

もしかしたら、武道や格闘技をコミュニケーションととらえることに違和感がある人もいるかもしれない。そもそも武術には話し合いが通用しない相手に実力を行使するという側面があるのだから、それも一つの考えだと思う。

特に護身術を学び始めた人たちからは、「筋肉質な格闘技経験者にケンカを売られたらどうしたらよいのか？」という質問がまるでテンプレートのように発せられる。もしかしたら格闘家へのコンプレックスが共通してあるんじゃないかと思ってしまうほどだ。

キックに合氣道を取り入れた「合氣ック」でK-1 王者にも輝いた大和哲也選手と

キックで数々のタイトルを獲得した城戸康裕選手は、お茶目なエンターテイナー

ただ僕の会った範囲では、トップクラスの格闘家たちは皆いい人たちだ。そうでなければ、地道な努力をコツコツと積み上げたりできるわけがない。K－1の大和哲也選手、きーちゃんこと城戸康裕選手もそう。会った瞬間から相手の心をほぐすような明るさがある。

武術に関してもインチキと決めつけることもなく、なにかヒントはないかと貪欲に学ぼうとする。だから先ほどの質問のように品性のない格闘家というのはかなりレアだし、いたとしても大したレベルではない。むしろ本当の一流は、柔らかく、静かだ。メンタルも冷静で、謙虚なものだ。

そして彼らとのスパーリングはとても楽し

元パンクラス王者でRIZINでも活躍した石渡氏（その左に原虎徹選手、アキラ選手）

い。カラダとカラダでぶつかり合う対話がそこにあるからだ。そこからは、むしろ言葉よりも雄弁にその人の人となりが伝わってくるものだ。

元ＵＦＣファイターであり、「誰ツヨDoJoy」を主宰する菊野克紀選手、レジェンドＫ－１ファイターのコヒさんこと小比類巻貴之さん、RIZIN漢塾塾長こと石渡伸太郎さん率いる漢塾チーム、矢地祐介選手、グラップラー刃牙のモデルとしても著名な平直行先生、中井祐樹先生などなど、YouTubeを通じて、多くの現役格闘家、レジェンド格闘家とスパーリングをさせてもらった。システマ東京チャンネルの「戦ってみた」シリーズがそれだ。

当然、胸を借りたかたちなのだけど、いずれも短時間ながら非常に濃い体験となった。やはり世界を相手に戦ってきた人たちはフィジカルが強い。でも単に力が強いだけではない。バランスや力のかけ方、伝え方など、実に効率の良い身体の使い方をしてくるのだ。

かつて武術的身体技法と称されたような、最低限の力で最大の効果を得る身体技法を、トップ選手たちはごく当たり前の武器として使いこなしている。武術といえば精妙な身体技法、格闘家は力任せの粗雑な身体の使い方というイメージはかなり古い。僕が実際に触れ合った範囲では、トップの格闘家はハンパな武術家など及びもつかないほど、高度な身体の使い方をしている。

1990 年代の格闘技界を牽引したレジェンド、平先生は今や武術も極めている

当然、スパーリングではこてんぱんにやられるのだけれども、決して嫌な気分はしない。なぜなら力でねじ伏せられるのではなく、そのフィールドにおける技量で圧倒されたのだから。

コラボしたことはないけど、UFCファイターの中村K太郎選手もそう。K太郎さんとはブラジリアン柔術のジムで知り合って以来、しばしば一緒に練習させてもらっている。K太郎さんが僕の自宅のすぐ近くに「ユナイテッドジム東京」をオープンした時には、すぐに入会させてもらった。

K太郎さんとのスパーリングもとても楽しい。国内最強のMMA選手といわれるほどの実力がありながら、とても柔らかなスパーリングをする。投げ技をくらう時もふわっと身体が浮くようだし、関節技を極められる時もまるで将棋の名手に詰まれるように、追い込まれる。日本ブラジリアン柔術の父と称される中井祐樹先生もそう。AMの深夜ラジオのDJのようなおしゃべりをしながら、手品のように関節を極められてしまう。白帯の時も茶帯の今も全く同じように歯が立たない。

僕の柔術の師である中村大輔先生に至っては、攻防が成立する前にあれよあれよと言う間にやられてしまう。傍からはフィジカルで圧倒しているようにも見えるけれども、相手の弱点を瞬時に見極めてそこに確実にプレッシャーをかける技術によって裏打ちされている。

当然、試合ではフィジカルも大事だ。でも普段の練習では異なる。フィジカル頼りではケガのもとだし、技術も育たない。またどの競技もレベルが急速に向上しているため、フィジカルだけで勝てるような甘い世界ではなくなっている。

プロとはいえ、無限に練習ができるわけではない。時間的、体力的、環境的制約の中で最大限に練習効率を高めなければいけないのだ。それには練習相手、対戦相手との駆け引きという対話を、より深く楽しんでいけるような練習が良いのだろう。そのほうが相互に行き来する情報量が増え、練習の効果が高まる。そして何より、楽しい。

中井祐樹先生が「マーシャルアーツ・コミュニケーション」を標榜しているのも、そうした意図が込められているのかもしれない。

「共通言語」となるブラジリアン柔術

英語がそこそこ話せれば、世界中の人たちと交流ができる。非英語圏の国であっても、英語が使えるのとそうでないのとでは大違いだ。打つ、倒す、極めるといった格闘技の基本を押さえておくと、それが英語のような共通言語となって交流の幅が格段に広がる。

僕に関していえば、学生時代の空手で基本的な突き蹴りを身につけたこと、ブラジリアン柔術を身につけておいたことにとても助けられた。その素養がなければ、他ジャンルの人たちと今ほど濃い交流ができなかっただろう。

もちろん「相手の土俵に立たない」のは、武術の基本だ。負けたくない、倒されたくない、ブランドを守りたい、というのであれば、他ジャンルの土俵にのこのこ出かけていくのは自殺行為であると言える。そうすることなく、いかに相手を自分の土俵に上がらせるか。それもまた武術における大事なスキルの一つだろう。

ブラジリアン柔術を学ぶことで、一流格闘家の高いレベルを肌で実感できた

でも僕自身はあまりそれが好きではない。自分が学び、向上するのなら、相手の土俵に乗り込んでこてんぱんにやられたほうが効率が良い。自分の土俵には、ホームとしての快適さがある。そこで満足する人生もあるだろう。でも僕はそうやって歩みを止めてしまった人を多く見てきた。

身近な人がある時、はたと進歩を止めてしまう。おそらく心の中でなにかに満足してしまったのだろう。そういう姿を見るたびに、なんとも言えない残念な気持ちになる。それが人を導く立場の人であれば、その人に追従する人たちもろとも歩みを止めてしまう。そういう袋小路とは意外に居心地が良いものだ。だからそこから無理に引きずり出そうとすると反発されるのがオチだ。こちらが思わぬダメージを食うこともあるから、手出しのしようがない。

でもYouTubeで会った達人たちは皆、自分の土俵の外に喜んで飛び出していく人たちばかりだった。彼らの中には、身内から批判される人もいるだろう。土俵の中で安住する人たちにとって、その外の世界で活躍する者は土俵内のヒエラルキーを脅かす脅威として映るからだ。そうしたリスクを承知の上で、止むに止まれぬ向上心と好奇心、そしてより良い未来を次の世代に残したいという義務感に駆られて、外に飛び出す。そうやって世の中を見渡すと、よその土俵から同じように飛び出した者が何人もいることに気づく。「達人界隈」と言われるコミュニティが急速に生まれ、お互いに打ち解けたのは皆、似たような境遇だからではないかと思う。自身の選んだ武道・武術・格闘技を一心に突き詰めていったら、いつしかフィールドを飛び出してしまっていた。そんな人たちが寄り集まったのだ。

武術家にカテゴライズされる僕としては、同じ武術家の人たちに格闘技の基礎を身につけておくことをお勧めしたい。もちろん極める必要はない。組技ならブラジリアン柔術の青帯レベル、打撃なら基本的なジャブ、ストレート、前蹴り、回し蹴りとその簡単なコンビネーションができる程度で十分だ。

もちろん併習を不可とする流儀もあるから、皆がそうするべきだと言うわけではない。たとえカタコトでも英語が話せれば海外旅行が格段に楽になるように、格闘技の基本を修めておくことは、知見を広める大きな助けとなるだろう。

相手を自分の土俵に上げるタイプの武術家もいる。無意識にそれをやってのける人もいる。でもこれからは、土俵の外に出る武術家が増えてほしいと思う。そうすることで武術の素晴らしさをより広く、世間に伝えることができるだろう。

もちろん「別に有名になりたいわけでもないので、宣伝する必要もない」という考えも理解できる。でも世の中には武術の知恵によって、助かる人もいる。もしかしたら人命が救われるかもしれないのだ。スパイダーマンではないけど、「大いなる力には、大いなる責任が伴う」。

武術によって大いなる力を手に入れたという思いがあるのなら、その責任を果たさなければならない。

それはその力によって誰かを助けることだ。僕はそう思うから、そのように行動している。

ボディワークから知る身体観

達人界隈で僕のもっとも特徴的な点は、武術・武道・格闘技の全領域を行き来できることだと思う。これはひとえにシステマが武器、打撃、寝技、ヒーリング、メンタルマネジメントなどあらゆるジャンルにまたがるからだろう。だからジャンルを問わず、学ぶことができる。だから一連のコラボのおかげで、マーシャルアーツだけでなくボディワーク的な面においても、一気に知見が広がった。

ボディワーカーといえば、やはり忘れられないのはロルファーの藤本靖さんだ。藤本さんを通じて「筋膜」の基本的な考えを知っていたおかげで、システマのコンディショニングについても理解できたと思う。

システマでいう「緊張」とは、単なる筋肉の強張りを指すのではなく、硬直してしまうこと全般を指す概念といえる。筋肉だけでなく、皮膚や筋膜、内臓、感情、精神などあらゆる階層を横断して考える必要がある。その意味では筋膜の重要性を最初に教えてくれた藤本さんには感謝しかない。

YouTube活動を始めてから身体技法に興味をもって、コラボ依頼した初めての相手が「秀徹（しゅうてつ）」の藤原将志先生だ。凄まじい威力のパンチを打つという話を伝え聞いてはいたけれども、それがどんな理論によるものなのかがとても気になったのだ。

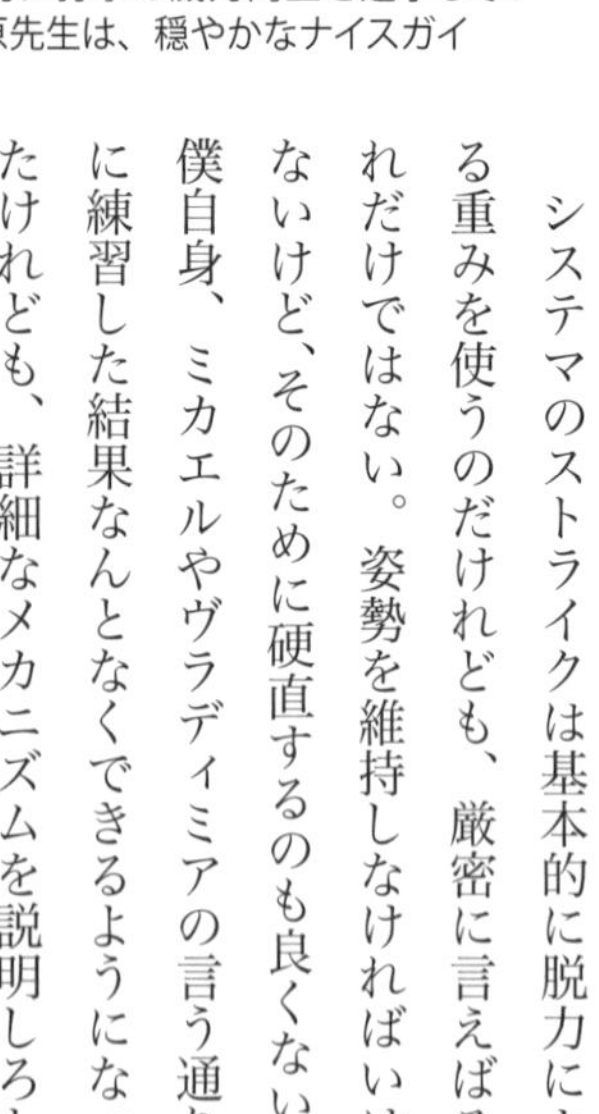

徹底的に打撃の威力向上を追求している藤原先生は、穏やかなナイスガイ

システマのストライクは基本的に脱力による重みを使うのだけれども、厳密に言えばそれだけではない。姿勢を維持しなければいけないけど、そのために硬直するのも良くない。僕自身、ミカエルやヴラディミアの言う通りに練習した結果なんとなくできるようになったけれども、詳細なメカニズムを説明しろと言われても、確かなことは言えないし今なお

試行錯誤の真っ最中だ。

それだけに打撃に特化した独自のメソッドを開発した藤原先生に興味があったのだ。初めて会ったのは、システマ東京白山ＢＡＳＥを設営している最中。コロナ騒動で思うように練習場が確保できないことがなんとももどかしくて、清水の舞台から飛び降りる覚悟で作った初めての常設ジムだ。

どれだけいかつい人かと思いきや、強さと柔らかさを併せ持つナイスガイだった。だがその動きは身体の隅々まで連動し、あたかも人を打つために作られたマシンを彷彿させた。職人が手作りした精密機械のような、打撃に特化した機能美がある。そこから繰り出されるとんでもない威力の突き、蹴りについては今さら書く必要もないだろう。

藤原先生に教わった鍛錬法も非常に興味深かった。自主練に取り入れさせてもらったものもある。ただやはり注目すべきは藤原先生の振り切り方だろう。

藤原先生はフルコンタクト空手の稽古をしながら、試合には一切興味がなかったという。攻防の駆け引きや試合に勝つ技術などには目もくれず、ほかの空手家がその技術に費やす時間を全て拳の威力向上につぎ込んできたのだ（とはいえ、伝え聞くところでは藤原先生は組手も相当強いらしい)。そんな振り切り方があるのかと舌を巻いた。

それだけやりたいことを貫ける意志の強さは本当に尊敬に値する。やはり抜きん出る人はみなどこかで振り切っているように思う。

◇達人の条件⑬……………………「振り切っている」

「リラックス」「丹田」「軸」「気」

藤原先生や福地さんたちと交流を重ねるうちに、同じ打撃でもフルコンタクト空手とシステマではずいぶんと打撃に対する考え方が異なるような気がしてきた。何がどう違うのか気になって、ある時、福地さんにこんなことを尋ねてみた。

「フルコンの試合では重い打撃と痛い打撃、どっちがいいの？」

「痛い打撃ですね」

福地さんは即答した。なぜなら短い試合時間で勝つには、相手の心をおるような痛みを与える必要があるのだ。また練習においても痛い打撃は役に立つ。痛みに耐えることで根性もつくし、ダメージも表面的なのですぐに治る。

システマでももちろん痛みを与える打ち方をするけれども、それより相手の姿勢を崩す重さを重視する。アドレナリンが出ていたり、アルコールやドラッグで感覚が麻痺した人は痛みを感じないためだ。

とはいえ福地さんの打撃は相当重いのだけど、同じ打撃といえどもずいぶんと考え方が違う。こういう異なる考え方を理解するたびに世界が少し開ける。それがコラボの醍醐味だ。

西山創(はじめ)先生の「イス軸法」もおもしろい。椅子から立ち上がるだけで、「体軸」ができて身体が整う。小関勲先生が考案して甲野善紀先生がイチオシする「ヒモトレ」然り、ちょっとしたことで身体を変えるメソッドはいろいろとある（西山先生も小関先生も意拳を学んでいたという共通点があるあたり、何かの縁を感じる）。

僕はそういうのに触れるたびに、その効果よりも原理を知りたくなる。効果だけに注目する

西山先生の「イス軸法」は独創的で、「立つ」ことを見直すきっかけとなった

と、プラセボやノセボに惑わされることになる。それもあって僕は効果や「〇〇は効く！」という評判についてほとんど関心がない。それよりも大事なことは、それに触れることで、自分の世界が広がるかどうかだ。

西山先生との交流でも、僕の世界はまた少し広がった。中でもシステマにおける「立つ」ということを見直すことができた。システマでは寝てリラックスしきった状態から、一切強張りを作らないように注意しつつ、丁寧に立ち上がる練習がある。立ち上がるという動作の過程で、どれだけの緊張が生じるかを自覚するのが主な狙いだ。

立ち上がってからリラックスするのには限界がある。それは立ち上がる工程で生じた強張りに依存した立ち方になってしまっているからだ。無意識のうちに頭蓋骨や背骨を脊柱起立筋などを動員して持ち上げることで、強張りが生まれるのである。

これを最小限にするには、立ち方そのものを変える必要がある。骨格を持ち上げるのではなく、下から積み上げるようにするのだ。両者は、根本的に異なる。言うまでもなく後者のほうが構造的に理に適った立ち方となり、パフォーマンスも高くなる。

ミカエルは「システマの動きは赤ちゃんに学べ」と言った。赤ちゃんが産まれて呼吸をし始め、首がすわり、ハイハイをし、立ち上がる過程をシステマでは追体験するのだと。それはそのまま、理に適った立ち方、歩き方となり、その身体で動けば即、武術となる。

もちろん、これは西山先生との交流を通じて僕が気づいたことであり、西山先生の提唱する「体軸」とは異なるだろう。ただ僕としてはミカエルの教えを別の角度から見直すとてもよい機会となった。

福地さんやプロボクサー京口紘人選手を担当するスポーツトレーナー・佐々木勇介さんとの交流からも、大きな影響を受けた。思えば巨人軍の桑田真澄選手の活躍によって、武術の身体操作が話題になったのはもう20年も前だ。おかげで武術に精妙な身体操作があるようなイメージが広がったけれども、今は昔の話である。その間にスポーツ界は長足の進歩を遂げている。

そもそも武術家に比べてスポーツのほうが愛好家も研究者も母数が多いうえに、才能ある人たちで溢れている。武術の身体論もあっという間に消化して、膨大な数のトライアンドエラーで進化させているのだ。

そもそも「体幹」や「軸」なんてマニアか専門家にしか通じない用語だった。それが今日では雑誌『Tarzan』が特集を組むくらい、一般名詞として浸透してしまっている。佐々木さんはそんなスポーツ界の最前線を知っている。スタビリティ（安定性）やモビリティ（動き）の考え方、地面反力の捉え方などなど、スポーツトレーナー的な視点を学ぶことで、システマについてより一般化した解説ができるようになったし、自分自身のトレーニングも整理しやすくなった。

その視点で考えると、ミカエルはスタビリティの権化であると言える。圧倒的な安定感があるからこそ自らが崩れず、相手が一方的に崩れているという状況が発生するのだ。

またシステマでは同じエクササイズでも一定の形を堅持するのではなく、様々に形を変えて行う。例えば代表的なエクササイズであるプッシュアップでも拳を置く位置や深さ、速度などを変えることで無限のバリエーションを生み出せる。これは一定の動作にとらわれることなく、多彩な動きを養うためのモビリティのトレーニングといえるだろう。

それにしても佐々木さんが開発した、「ささきスポーツソックス」もおもしろい。僕もバーベルを担いでスクワットしてみたけど、同じ重量でもずいぶん軽く感じる。かつて競泳界で水着「スピードレーサー」が、効果が出すぎるという理由で禁止されたことがあったけど、まさか靴下が禁止されることはないだろう。しかも驚くほど安価なので、これからスポーツ界に革命が起こるかもしれない。あまりの効果から僕が「いんちき靴下」とあだ名したささきスポーツソックスがこれからどう広まっていくか、とても楽しみだ。

こうして多くの人と交流していくと、広く使われていながら異なる意味合いで使われている言葉は実に多い。「緊張」「リラックス」「丹田」「軸」「気」などなど、数え上げればキリがないだろう。同じ言葉でも流儀によって異なるのはもちろんだし、同じ流儀の中でも人によって異なる。これは言語という伝達手段の宿命だ。

「犬」という誰もが知る名詞にしたってチワワから柴犬、アフガンハウンドまでとっさに思い浮かべる犬種は個々人で異なるだろう。だから僕はコラボ相手が耳慣れた言葉を使ったとしても、初めて触れる全く未知の概念として受け止めるようにしている。そして対話や感触を通じて丁寧にその真意を探っていく。

そうすることで武術だけでなく、人間という存在そのものの広がりを感じられるし、未知の荒野を開拓している気分でとても楽しくなってくるのだ。

武術をポップ化する試み

コロナ禍が始まった頃だ。緊急事態宣言が発令された頃、僕は「ビヨンド・ザ・ソーシャルディスタンス」という企画を始めた。

イベントやセミナーがキャンセルになって、ふだん忙しい人たちもきっとぽっかりと時間が空いているだろう。そこでしばらくご無沙汰してしまっていた人たちに声をかけて、Zoomで対談をしてもらったのだ。ソーシャルディスタンスを逆手にとって、普段、距離のある人との距離を縮めようというものだ。

この趣旨をおもしろがって、プロレスラーの鈴木秀樹選手、企業コンサルの塩野誠さん、中井祐樹先生、禅僧の藤田一照さん、魔女トレの西園美彌(みや)さん、鍼灸師の若林理砂さんら多くの著名人にご参加いただけた。

その中で、恩人でもある甲野善紀先生の回のことである。先生の道場である松聲館(しょうせいかん)にお邪魔することになったので、忍道家の習志野青龍窟(せいりゅうくつ)さんにも声をかけた。習志野さんとは甲野先生のもとで一緒に稽古をしていた時期がある。僕はその後システマの道へ、彼は忍者への道に進んだのだ。文献や伝承を読み解いて得た確かな知識と技術を備えつつ、エンタメ的に改ざんさ

レンガをかじる忍術修行！　この時代に忍者として生きる習志野氏の個性は強烈だ

れた忍者カルチャーにも理解がある。

睾丸を体内に隠す秘技のほか、伝承に基づいて100キロの道のりを踏破したり、1ヶ月もの間、水しか摂取しない完全断食を達成するなど、無茶なことをやらかすなど実践派である。それでいてリバウンドで体重が100キロを超えてしまって、慌ててダイエットを始めるというお茶目な男でもある。

そんな彼の忍術教室は特にインバウンド客たちに好評で、アラブの石油王の子息に忍術を指導するなんていう、マンガのようなことも実際にあったようだ。しかしさすがの忍者もコロナ騒動では少なからぬダメージを受けているだろう。なにせ石油王を始めとする、インバウンド客がごっそり消えてしまったのだから。

僕と習志野さんの二人を出迎えてくれた甲野先生は、会って早々、相変わらずの甲野節で現代社会を批判していた。ウイルスに対して戦々恐々とし、にわかに募る死の恐怖に慄き、メディアの振りまく情報に右往左往する人々の体たらくを憂慮していたのだ。コロナ騒動で恐怖に覆われた世界で、久々にまともな人間に会えた気がしてホッとした。

それで僕も、人並みに世間の空気というやつに配慮して言えずにいたことを、甲野先生との「ビヨンド・ザ・ソーシャルディスタンス」で思い切り話すことができた。言いたいことが言えて、なおかつ恩師と共感できた。さらにたっぷり稽古をつけてもらうことができた。久々に武術の楽しさにどっぷりはまる、充実した時間を堪能した帰途のことである。

習志野さんに近況を聞いてみると、やはり仕事が激減だという。そもそも「忍者」という職業自体、成立させるのは大変だろう。さらに少し前に忍者仲間のくノ一と入籍したばかりの新婚さんだ。本人はカラッとしているが内心、不安はあるのではないか。

個性があることは素晴らしいとしばしば言われるが、実際はえてして本人を苦しめる。「個性豊かな人材を求める」という求人を出す企業だって、本当にぶっ飛んで個性的な人なんて求めていない。組織で歓迎される個性には必ず「みんなの迷惑にならない限り」というカギカッコがつくのだ。

だからたまたま人殺しや窃盗の才能を生まれ持ってしまった人たちは、その個性ゆえに社会的に抹殺されてしまうだろう。もちろんそれとは大きく違うが、忍者として生きるという選択は人並み外れて個性的であると同時に、茨の道のはずだ。

およそ常識外れな生き方を職業として成立させること。それは同じように強烈な個性を持て余している人たちにとって、希望になると思う。僕自身もかつて、甲野先生が「武術家」を職業とし、家族を養っていることにずいぶんと勇気をもらったのだ。

だから僕は、忍者が職業として成立する社会に夢があると思う。もしこのコロナ騒動のせいで、習志野さんが忍者として生きることを断念せざるをえないことにでもなったら、それはとても寂しいことだ。だから習志野さんにオンラインでの活動に力を入れるように、伝えてみた。

「そういうの疎いもので…」と習志野さんは苦笑いしたけど、しばらくしてZoomでのオンラインクラスを開始した。そして満を持してYouTubeでの活動に力を入れることになったのだ。

でもただYouTubeに動画をアップするだけでは収益にならない。1000人以上の登録者と4000時間以上の再生時間という条件（当時）をクリアしてはじめて、収益が得られるようになる。

それを一気に突破できる方法はないか。そのための企画として、武術家仲間で習志野先生とコラボする企画を思いついた。声を掛けたのは武術格闘家の菊野克紀先生と、影武流の雨宮先生。これが即席武術ユニット「ジュンドタカインジャー」の誕生である。

そもそも誰もそんなユニットを結成するつもりはなかった。動画編集を担当した職人が、ふざけ半分で命名したのが、そのまま定着してしまったのだ。さすがにふざけすぎかなとも思ったけど、おそらくこんなことをやった武術家はかつていない。前例がないからやらない、というのは単なる逃げだ。むしろ前例がないなら、やらねばならない。武術をもっと親しく感じてもらえるなら、多少笑われたって本望だ。

ジュンドタカインジャーが奏功したのかどうかはわからないけど、武術や武術の先生に対する世間の心理的ハードルが下がったように思う。武道や武術の先生といえば、いかつい顔で威

史上初（?）の武術戦隊ヒーロー！　ジュンドタカインジャー vs 最強マジシャン KiLa

厳のある人物というイメージがあったけど、みんながそういうわけではない。むしろそういうイメージで見られることを窮屈に感じる、僕みたいな人も少なくない。

どうも達人界隈の人たちには特にそういう人が多いらしく、ジュンドタカインジャーという試みをおもしろがってくれた。それにしてもまさか合気道界の貴公子、白川竜次先生が対抗勢力として「シンタイノウリョクタカインジャー」なんてユニットを立ち上げるだなんて思いもしなかったが。

シンタイノウリョクタカインジャーは合気道家・白川竜次先生、世界大会4連覇を果たした躰道家・中野哲爾先生、極真空手創始者・

豪華メンバーが勢ぞろいの 2022 年「達人忘年会」（一番左の上に中野先生の姿も）

大山倍達師の薫陶を受けたレジェンド世代の空手家・井上誠吾先生、そしてあろうことか二重所属の忍道家・習志野青龍窟先生の四人からなるユニットである。

中野先生と初めて会ったのは、狂武蔵たくちゃんねるを運営するWiiberの事務所で行われた「達人忘年会」でのことだ。これは僕がYouTubeでお世話になった人たちとの忘年会を企画していたら、あれよあれよと話が大きくなって、達人界隈がほぼ勢ぞろいするという大イベントとなったものだ。

中野先生といえば地を滑るような低い姿勢から一気に宙に舞い上がるアクロバティックな動きが印象的だ。てっきり天性のバネや運動神経によるものかと思いきや、コラボ撮影の際にそれが「旋・運・変・捻・転」の原則に忠実に則ったものであると教わった。

実際にその原理で躰道の技を教わると、短時間で動きがみるみる変わっていくのがわかる。これほど効果のある指導を学生時代の部活動としてじっくり受けられるのなら、教え子たちもまた大会で華々しい成果を挙げているのも頷ける。

同様のことは笹森先生ら、カポエイラの先生たちとの交流でも感じた。優れた流儀には、人間離れしたようにみえる動きであっても、身につけるためのシステムがある。原理に基づいた確かな努力は天性のセンスを凌駕する。これもまた達人たちとのコラボで確信できたことの一つだ。

井上先生（誠真会館館長）は、謙虚さとチャレンジ精神を持ち続ける、まさに武人の鏡

井上先生は70歳で70人組手に挑むというチャレンジ精神の持ち主だ。半年ほど前に、その挑戦をなんとかして成功させたいとのことで相談を受けたので、「70人組手を達成するための知恵を達人に学び歩く動画を撮るのはどうか？」とお答えした。早速、井上先生が

その通りに実行したこと、そして多くの達人たちが助力したこともあって、70人組手への注目が一気に急上昇。

実施当日の会場は井上先生を応援する人たちの熱気に満ち、YouTubeでのライブ中継にも1000人を超す多くの視聴者が集まった。井上先生は両足を負傷しながらも、なんとか70人組手を完遂。達成の瞬間は万雷の拍手で包まれた。

井上先生の負傷も軽傷で済み、打ち上げパーティでは「次は直木賞を穫る！」と熱く語っていた。年齢のせいにして理想を諦めることがない生き様は、本当に素晴らしい。僕もこういう年齢の重ね方をしたいと心底思う。

ただ後日譚として、ちょっとした事件があった。YouTubeでの投げ銭「スパチャ」が15万円ほど集まったのだが、井上先生が頑として受け取らないのである。「未来のために使ってほしい」とのご希望だが、具体的にどうしたらよいか定かではない。それをどういうわけか僕が考えることになってしまった。

井上先生を応援しての投げ銭だし、井上先生は「未来のため」に使ってほしい。ならキッズ向けセミナーが良いのではないか。では講師は誰が良いか？

そこまで考えてピンときた。植草歩選手だ。オリンピックという大舞台に立った選手と直に触れることは、子どもたちにも大きな財産となるに違いない。伝統派とフルコンタクト空手でジャンルが微妙に異なるけれど、井上先生なら理解してくださるだろう。ということで早速LINEで植草選手に打診をすると、すぐに企画趣旨を理解してくれてOKとの返事がきた。

セミナーは実技と講演会の二部構成で実施された。世界を知る植草選手の技と思いの両方が子どもたちに伝えられる、素晴らしい機会となった。

ジュンドタカインジャーとシンタイノウリョクタカインジャー。そんな武術ユニット結成のムーブメントはプロレス界にまで波及し、プロレスリングNOAHのエースである清宮涼斗選手や拳王選手を巻き込んだ。

拳王選手とは「秘伝金剛軍」として、やはり白川先生発案の「秘伝正規軍」と対立構造を描くことになるのだけど、実は最初、僕はコラボを断っていた。狂武蔵たくちゃんねるの太田Pからの紹介だったのだけど、拳王といえばプロレスリングNOAHの一強として、プロレス界を牽引するほどの選手である。個人的に親しくさせていただいているフリーのプロレスラー鈴木秀樹選手の応援で、観戦しにいったNOAHの興行でもひときわ強い光を放っていた。その

プロレスラーの拳王選手は、リング上でも普段でも「受けの美学」を成立させる!

印象があまりに強かったため、僕などとても相手として力不足だと思ったのだ。

でもこれもなにかの縁かと思い直して、コラボをお受けすることにした。

普段の拳王選手は腰が低く、意外なほど主張の少ない人物である。これだけ第一線のプロレスラーなのだから、ブランディングを意識したいろいろな注文があるのかと思ったのだけど、拍子抜けするほど何もない。こちらが思いつきで提案した「秘伝金剛軍」なる妙な案も、「いいですよ!」と即答してしまうくらいなのだ。

それから拳王選手とは何度もコラボ撮影をさせてもらうのだけど、だんだんその鷹揚さの理由が理解できてきた。拳王は誰が相手でも拳王であり、プロレスを成立させてしまうのである。もちろん、実際にプロレスの試合をするわけではない。コラボの全てを「拳王のプロレス」というストーリーの中に、飲み込んでしまうのである。

白川先生が考案したフィニッシュホールド「拳王スペシャル」を、プロレスリングNOAHのトーナメント「N-1 VICTORY」の仙台公演で、考案者である白川先生の眼前で極め、さらにはタイトルマッチでジェイク・リー選手を下し、ベルトを奪取したのはその集大成といえるだろう。

Chapter 4

伝播

Propagation

バエないシステマ

YouTubeでの活動を通じて一貫して悩まされているのが、システマを映像で伝えることの難しさだ。ミカエルは「一般の人にもわかるように、システマについて説明しなさい」という問題を、インストラクター試験で出した。そのくらい、この問いかけは難易度が高い。

それはひとえに、システマがあまりにもオールマイティだからだ。打撃、武器、寝技などマーシャルアーツだけでなく、コンディショニングや心理学まで全て含まれる。「サバイブ」「破壊の否定」といったコンセプトを守るなら、全てがシステマであるといえる。だから、カテゴライズして説明することが難しい。

しかもシステマは、上達するほど動きの見た目が地味になる。演武があれば審査員に、試合があるなら審判に技を見せる必要があるけど、システマはそうではない。むしろ相手にも、周囲にも見せないスキルを磨いていく。

すると結果的に「なんだか誰でもできそうな動き」になってしまうのだ。つまりバエない。上達するほど演武の見栄えがよくなっていく、例えば合気道や躰道といった武道とはその点において正反対なのだ。

米国を拠点にしていた横山師範は、華麗な演武や映画アクションで人々を魅了した

システマをわかりやすく見せる。そう僕が意識するのは、「瞬撃手」こと沖縄小林流空手道研心会館・横山和正師範の影響が大きい。

生前に二度ほどお目にかかった横山師範は、とても気さくでダンディーな方だった。たしか代々木のカフェだったと思う。どんな質問にも答えてくれそうな雰囲気があったこともあり、思い切って質問をしてみた。横山師範といえば、目隠しをしたまま鋭い鎖鎌を超高速で操る、神がかり的な演武でアメリカに衝撃を与えた人物である。

ただ武術の世界には「花拳繍腿（かけんしゅうたい）」という言葉があるように、見栄えのする技術を見掛け倒しとして揶揄する傾向もある。本当に技術があれば、自ずと人が集まってくる。己の技術を見せびらかすなど、二流以下のやることだ。そういう考え方だ。なのになぜ横山師範は、演武を繰り返してさらには映画にまで出たりするのかと。

失礼を承知で尋ねた僕に、横山師範は爽やかな笑みを浮かべて答えた。

「見えない世界を知ってもらうには、見せる工夫が必要なんですよ」

本当の技は、目で見ることはできない。それを見えないままにしておいては、知られることがないまま、断絶してしまうことになる。それでは自分が受け継いだ貴重な知恵を途絶えさせてしまうことになる。だから見えない世界を知ってもらうために、その世界を知る者は見てもらう努力をしなければいけない、のだと。

この「見えない世界を見せる」という点で学ぶべきことが多いのはやはり、自ら修めた武術をアクション演技に活かしている人たちだ。僕の周囲ではゼロレンジコンバットの坂口拓、伝説的空手家・浅井哲彦師の娘であり、母方の家系から白鶴拳（はくつるけん）も継承するほしみんこと浅井星光、そして剛柔流空手のハヤテ、虎牙流活殺術の虎牙光揮らがいる。

彼らのアクション俳優としてのスタイルはそれぞれ全く異なる。拓ちゃんは振り付けそのも

アクション俳優で剛柔流の使い手、ハヤテ氏（中央）と脳フェスを運営する小林氏（左）

のを否定するリアルアクションなのに対し、ほしみんはきっちりと振り付けを決める。ハヤテさんは誰にもマネできないパルクールの技を駆使する。虎牙さんはボクシングベースだ。

ハヤテさんとは脳卒中の当事者が交流するイベント「脳フェス」を運営する小林純也さんの紹介で知り合った。

小林さんはプロボクサーを目指しながら、プロテストの直前に脳梗塞で倒れ、半身不随になってしまったという。なんとしても回復したいとリハビリに励む中で、元野球選手のイチローが取り入れていることで有名な初動負荷トレーニングに出会ったそうだ。これがリハビリにとても役立ったことから、トレーナーの資格を取るべく学んでいる時に、ハヤテさんと出会った。ハヤテさんは剛柔流空手をさらに高めるために、初動負荷トレーニングに励んでいたのだ。

もともと小林さんがシステマを知っていて、脳卒中の人たちに役立つのではないかということで、交流があった。その彼が、映画『ファーストミッション』に出演したので、システマ東京チャンネルで宣伝を兼ねてコラボしてもらいたいという。そのコラボ相手として、小林さんが紹介してきたのがハヤテさんだった。

剛柔流といえば、どっしりとして重厚なイメージがある。僕自身がかつて学んだ剛柔流もそうだった。

だけど、ハヤテさんの剛柔流はまるで違う。猫のように俊敏に飛び回ったかと思いきや、突然、闘牛のような低空飛行で体当たり気味の突きで迫ってくる。さらには忍者のような壁走りまでやってのける。ハヤテさんはパルクールの名手でもあるのだが、驚くことに彼によるとパルクールも剛柔流も、核となる身体操作は同じ「締め」なのだという。

また段位制度も独特で、段位は型を一つ伝授されるごとに段位が一つ上がるという。そのため、最後の型であるスーパーリンペーを学ぶ四段が最後。免許皆伝の証として「武備志」を伝授されるそうだ。

独特のひねりを加えるハヤテさんの突きは、全身がネジられるような、かなり異質の衝撃だった。

ハヤテさんはアクション俳優や演出家としても世界をまたにかけて活躍しているが、そもそも尊敬する師の空手を世に広めるために芸能活動を始めたのだという。

ただハヤテさんの空手は、剛柔流と名乗るにはあまりに一般的に普及しているものとは異なっている。だから懸命に普及してきた先達に敬意を表し、あえて別物であると表明する必要がある。ハヤテさんも世間で知られている剛柔流と、あまりに異なる自身の剛柔流を一緒にして良いものかどうか悩んでいた。

そこで「古式剛柔流」と名乗ったらどうかと提案したのだけど、これがあまり良くなかったらしい。ハヤテさんたちは喜び「古式剛柔流 ハヤティーチャンネル」というYouTubeチャンネルを始めたのだが、一部から「我々のほうこそ昔ながらの剛柔流を学んでいる」という反論が来てしまったのだ。

ハヤテさんは系譜的には市川素水師の孫弟子にあたる。ハヤテさんの師は市川素水師の道場である素水館で古株であり、ハヤテさんは当時そのままの稽古を受けている。そのため、ハヤテさんもまた昔ながらの剛柔流を学んでいることになる。

ただハヤテさんが継承した空手は、個人の体格や気質に合わせて変化させるという。だからハヤテさんの剛柔流は身軽で敏捷なハヤテさんに合ったものとなっているのだ。これも一般的に知られる剛柔流と趣きが異なる要因だろう。

でもハヤテさんの師があまり表に出たがらない人物らしく、その師に迷惑をかけたくないことと、名前なんてどうでもいいという考えから表立って反論しないことにした。

YouTubeチャンネルの名前も「剛柔流疾風伝」に変更された。ハヤテを漢字で書くと「疾風」だし、世界的にヒットした『NARUTO疾風伝』の舞台版で、ハヤテさんがカカシ役を演じていた。だからむしろ「古式剛柔流」よりもよりハヤテさんらしいネーミングじゃないかと思う。

ハヤテさんが継承した「武備志」には、ルーツに「白鶴拳」があると記載されているという。その白鶴拳はほしみんこと、浅井星光さんが伯父から継承した白鶴拳と多くの接点があるようだ。

両者ともに芸能活動で多忙なためなかなかタイミングが合わないのだけど、ほしみんの白鶴拳とハヤテさんの剛柔流を、じっくり比較する機会があればなかなかおもしろいのではないかと思う。

さて、バエないシステマをどう見せていけばよいのか。

たしかにシステマは、ヴラディミアによる鮮烈なデモンストレーションがきっかけとなって世界に広まった経緯がある。ただ個人的には、ヴラディミア個人のカッコよさという属人的な要因が大きいように思う。

ヴラディミアが来日した際、すれ違った女性グループの面々が一斉に振り返って色めき立ったことがあった。彼女たちはすぐさま近くにいた人に「映画の撮影でもやってるんですか？」と聞いたらしい。映画出演のオファーも一度や二度ではなく、「拘束時間が長いから」という理由で全て断っているとのことだ。

そのレベルのイケメンが、鮮やかな動きと強烈なストライクでバッタバッタと相手をなぎ倒すのだから、かなり印象的だ。ヴラディミア自身もそのあたりは意識しているらしく、ミカエルに「大きく動きすぎじゃないか？」と指摘された際も「このほうが見る側もわかりやすいし、盛り上がるんだ」と答えていた。

それに比べてこちらは動きも見た目もバエない、ごま塩坊主のおじさんである。同じやり方が通用するわけもない。それで考えた結論の一つがブラジリアン柔術の試合で結果を出すということ。もちろん柔術の試合の中でできることはシステマのごく一部だ。でもとりあえず、とてもわかりやすい形で、システマの有効性を見せることができるだろう。

そうすれば僕以外のシステマインストラクターたち、ひいては試合のない武術家全体の信頼度アップにも多少は貢献できるかもしれない。

「癒やし」―システマの根底にあるもの

それともう一つが「癒(い)やし」だ。

YouTubeで多くの武道家・格闘家とコラボするようになってから、システマの独自性とは何なのかを改めて考えさせられた。打撃をやりたければキックや空手をやれば良いし、組技なら柔道やレスリングなどがある。両方やりたければMMAをやればいい。武器術にしたってアーニスやシラット、クラヴマガ、ゼロレンジコンバットなどいろいろとある。

なぜそれらではなくシステマなのか。それを武道の経験など一切ない、YouTubeの視聴者にもわかるように伝えなければいけない。「全く初めての初心者に伝えるつもりで、システマについて説明せよ」という、かつてインストラクター審査でミカエルに突きつけられたのと同じ問いに直面したのだ。

そこで考え至ったのが、「癒やし」だった。ミカエルは「破壊の否定」こそが、システマにおいて最も重要だという。衝突とは誰かの敵意に、敵意で迎え撃つことで生じる。だからスルーしてしまえば発生を未然に防げるのだけど、そうはいかない時もある。敵意を持つ相手に立ち向かわねばならない時にどうしたら良いのか。

相手をどう倒すか、勝利を手にするのかあるいは負けずに済ませるか、という局面において、前代未聞の選択肢をミカエルは提示した。

「敵を癒やせ」だ。

敵意を抱く者は必ず心を病み、身体に強張りがある。リラックスして晴れやかな気分の者が誰かに敵意を抱くことはない。

だから癒やせば良い。どう癒やすのか？　心地よくなるようにマッサージをしてやれば良い。言葉にすればあまりに明快でシンプルなロジックだけど、これまで誰も気づかなかった盲点をミカエルは提示していた。これこそがミカエルの生み出したシステマの画期的な点なのである。

実際のシステマのクラスでも、最も練習効果の高いのがシステマ式マッサージである。マーシャルアーツのスキルをいくら練習しても、大きな効果は得られない。むしろより固く、強引な動きになってしまうことも多々ある。でもあらゆるマーシャルアーツを「マッサージの一種」として再解釈することで、システマのスキルが格段に進歩する。

ストライクは肩叩きの変化したもの、関節技はストレッチなのだ。僕自身はその気づきでずいぶんレベルアップしたし、メンバーの中でもその意識転換ができた人は、技の質がガラッと変わる。

僕が「癒やし」という言葉を使うようになったのは、ヤッチくんチャンネルで開催された「達人トーナメント」がきっかけだった。トーナメントとは名ばかりで、矢地祐介選手がこれまでにコラボした達人たち全員と立ち会うという企画である。

ヤッチくんのオファーなら断れないので快諾したのだけど、どう立ち会ったものかと考え込んでしまった。システマでは自由に技をかけ合う「フリーワーク」という練習はあるものの、いわゆるスパーリング的な練習はあまり行わない。

打撃なら空手の纐纈先生や躰道の中野先生がいたし、ＭＭＡ的な立ち会いなら元ＵＦＣファ

「達人トーナメント」で矢地選手と立ち会い、ことごとくマッサージで「癒やす」！

イターの菊野先生がいる。笹森さん、須田さんのカポエイラはそもそも独特だ。この錚々たる面々と差別化を図りつつ、システマの独自性を試合形式で示すにはどうしたら良いのか？

眼の前でヤッチくんが白川先生、菊野先生、雨宮先生と緊迫した攻防を繰り広げるのを見ながらを頭をフル回転させた。そこで思いついたのが「癒やし」だった。攻めてくるヤッチくんを、僕がひたすらマッサージし続ける。これなら「敵を癒やす」というシステマの特徴を表現しつつ、場を和ませることもできるだろう。ヤッチくんだけでなく、笑いによってその場の全員を癒やすことができる。

いよいよ僕の出番が回ってきて、ヤッチくんと向き合った。仲良しとはいえ仮にもRIZINのトップファイターである。身体も僕より一回り大きい。ユキオさん（お笑い芸人・植野行雄）の合図で1分間の試合が始まった。

戦うのではなく、癒やす。そう意識を切り替えただけなのに、驚くほど自分の内面が静まるのを感じた。むしろ楽しく気軽に間合いを詰めることができる。ヤッチくんの身体に触れて、凝っている部分をもんだり、ひねったり、叩いたりしてひたすらゆるめる。ヤッチくんが逃れるのをひたすら追いかけて、ゆるめ続ける。

結果的にグラウンドでの攻防も混ざり、これまでの戦いと差別化をすることもできた。会場内の反応も上々で、僕自身も新しい試みに手応えを感じた。それ以来、僕のチャンネルでは「癒やし」というキーワードが頻出するようになる。

システマの「癒やし」はなぜ痛いのか？

僕のチャンネルでは「癒やし」と称して、激痛を与える動画がしばしば登場する。実際にシステマのコンディショニングは痛い。もちろん痛くすることが目的ではないし、痛みを与えずにゆるめることもできる。

僕が最初、モスクワでミカエルに勧められてシステマのコンディショニングを受けた時のことは今でも鮮明に覚えている。施術してくれたのは、ミカエルからコンディショニングを学んだアンドレイ氏。ウェーブのかかった長髪が肩まで伸び、筋肉質で浅黒い腕がシャツからにゅっと突き出した、眼光鋭い人物である。セラピストというより、まるで処刑人のような迫力のある佇まいだ。会った瞬間、「やめとけば良かった」と後悔したがあとの祭りである。

うつ伏せに寝かされた僕の背中に、スティックとウィップを使って次から次へとコンディショニングを繰り出していく。これがどれも、とんでもなく痛い。しかももともと60分のはずが、せっかく日本から来たのだからと、頼んでもないのに30分も延長してくれたのだ。ようやく解放された時には、もうヘトヘトで歩くのもやっとなくらいだった。

その後もモスクワに行くたびにミカエルに勧められてコンディショニングを受けさせられたのだけど、さすがに懲りて逃げ回っていた時期もあった。

痛みを与えずに身体をゆるめる方法なんていくらでもある。なのになぜこんな痛い思いをしなければならないのか。それが全く理解できなかったのだ。それでも繰り返しミカエルが勧めるものだから、しぶしぶコンディショニングを受けた時のことだ。これまでと同じ激痛が全身を貫く。「やっぱりやめとけばよかった」と後悔に見舞われる。

そのうちに奥歯がガチガチと鳴りだした。歯の根が合わないくらい全身がガクガクと震えだした。血の気がざあっと引いて、冷蔵庫の中に放り込まれたような寒気に見舞われた。一体、何が起きているのか。パニック直前の頭で必死に考えたら、不意に思い出した。ミカエルはこう言っていた。

「筋肉の強張りとは、恐怖心のエネルギーが凝固したものである」と。

だからそれが放出される時、溜め込んでいた恐怖心が一気に噴出することになる。だからこそ、血の気が引いて全身がガタガタ震えるという、あたかも恐怖に直面した時のような反応が身体に起きているのだ。心地よいだけがリラックスではない。人が奥底にしまい込んでいた恐怖心を手放す時、苦しみが伴うのだ。

そのことを受け入れたら、身体がこれまでやったことのないような動きをし始めた。かつて学んだ野口整体でいうところの「活元運動」である。身体が生まれ持つ自動調整機能が、コンディショニングの刺激によって発動したのだ。

コンディショニングを終えた僕の身体には、全身に感じたことのないエネルギーがビリビリと流れ、踊り出したいほどの活力が溢れていた。衝動に任せて走り出すと、どこまでも走って行けそうなほど身体が軽かった。

身体をゆるめるだけなら、いくらでもやり方がある。なのになぜ痛みを用いるのか？それは、本人にその緊張を捨てることを選択させるためだ。ただ心地よいだけのリラックスでは、緊張をゆるめたとしても再び同じ強張りが生じる。それは本人が捨てるという選択をしていないからだ。

しかし痛みをツールとして用いることで、その緊張の存在を嫌というほど本人に認識させる。そうやって本人がその緊張を捨てるという選択をすると、不可逆的な変化が起こる。蓄積した強張りが解消され、本来の自分へとほんの少し、近づくことができるのだ。

システマでは仲間同士でマッサージをする習慣がある。これは少数精鋭で戦地に乗り込む特殊部隊での習慣がルーツとなっている。危険な最前線で短時間で効率よく体力を回復させるため、隊員同士でのマッサージが必要だったのだ。

ミカエルの白眉はそのマッサージを「敵を癒やす」というコンセプトにまで昇華させたことだ。「マーシャルアーツをマッサージに置き換える」という極めて端的な方法で、「敵を癒やす」という方法論を構築してしまったのだ。勝つor負ける、倒すor倒されるといった従来の武術・

武道・格闘技に共通する当然の前提を、あっさりとひっくり返してしまったのだ。これがどれだけ画期的なことか。

対人関係には必ず、衝突が生じる。その宿命から逃れることはできない。

その最たるものが戦争だ。ミカエルは最前線での壮絶極まる戦争体験を通じて、平和の大切さを痛感し、その体験をもとにシステマを作り上げた。戦後日本がずっと平和でいられたのも、悲惨な戦争体験で戦争に心底懲りた経験があるからだろう。戦争を体験した人々が、平和の大切さを知るのは当然のことだ。

でももし戦争を体験しなければ平和の大切さを認識できないなら、人々は必ず戦争を繰り返すことになる。戦後何十年も経ってから生まれた僕の世代に課された使命は、戦争を経た世代がおびただしい量の血と痛みという授業料を払って手にした「平和」という財産を、戦争を体験することなく、受け継ぐということだ。

今の僕にできることは、ミカエルのシステマを受け継ぐということだ。「NO WAR」を謳う人は多いが、そんなことは誰でもわかる。おそらく現在進行形で戦争に携わっている人たちも、心の中では「NO WAR」と叫んでいるはずだ。ただ戦争に反対するだけなら、誰にでもできる。でもそれは、戦争の根源にある「人と人は必ず衝突する」という宿命から目を背けているだけだ。ミカエルの提示した「敵を癒やす」というコンセプトは、この宿命に嫌というほど向き合った末に辿り着いたものなのだろう。

システマを学ぶほどにミカエルの天才ぶりを痛感する。ただそれをいかにもすごい知恵として伝えたとしても、世の中の人たちには受け入れられないだろう。「特別な人だけができる特別なもの」とみなされ、精神的な距離を置かれてしまうからだ。

だから僕はあくまでもカジュアルで、ポップにやることにしている。そう伝えることで人々の心にすっと入るのではないかと思うからだ。

アクション映画への出演オファー

YouTubeの影響で、システマの北川という存在が少しずつ世に知られるようになってきた。世の中は少しずつコロナ騒動から脱却し、通常運転に戻りつつあった。それに合わせて、見えない世界を見せる方法を変えていかなければならない。それには現実世界での活動を広げていくことになるだろう。

「敬天愛人練武大会」でおなじみの武術家たちが、スイーツに喜ぶ様子

その意味では、菊野先生が主催する格闘技の大会「敬天愛人」は、YouTubeでの武術界隈の盛り上がりを、現実世界に移動させることで成功を収めた好例だと言える。では自分に何ができるのだろうか？　ちょうどそんなことを思案している時期だった。

ほしみん（浅井星光。本人の希望〈強制？〉で「ほしみん」という呼称で統一）からLINEが届いた。「話したいことがあるので、時間をとってほしい」という。簡単な連絡ならLINEで済むはず。それをあえてミーティングするとは何事だろうか？　設定した日時にZoomでのオンライン会議に臨むと、ほしみんはアシスタントのアンジェラと並んで、こう切り出した。

「か弱い化け物」ほしみんの浅井流鞭拳空手は、小さい身体が強力な武器に！

「映画に出てくれませんか？」

ほしみんは伝説的な空手家、浅井哲彦先生の一人娘である。浅井哲彦の名前は存じていたものの、空手を操る娘がいるなんて思いもしなかった。それだけに狂武蔵たくちゃんねるに出演したのを見た時はかなり驚いた。その浅井哲彦先生が生前、こんなことを言っていたらしい。

「ロシアにおもしろい武術がある。星光はいつか機会があったらそれを学べ。その武術は最近、『システマ』という名前がついたそうだ」

そのためほしみん自身も、システマ使いとして名を知られ始めた僕に興味を持っていたらしい。

そんな不思議な縁で会って以降、ほしみん

とは射撃やら武術やら様々なかたちでコラボを重ねることになった。会うたびに思うのがほしみんのポテンシャルの高さである。最初は「空手を操る女性」という認識だったのだけど、動きを見ているとどうもそれだけでは済まされない。小さな身体に似つかわしくない山のように膨大な蓄積が、その背後にありありと感じられるのだ。

聞くと父の指示で空手だけでなくバレエ、タップ、コンテンポラリーなどなど、ありとあらゆるジャンルのダンスをやり込んだらしい。さらにはかつて台湾の国民的女優として一世を風靡した母・浅井恵子の家系に伝わる活法や白鶴拳までかなり高いレベルで身につけているという。

また父と毎朝3時間に及んだという空手の稽古も、一般的な空手のイメージと大きく異なり、効率よく子どもの身体能力を高められるよう工夫された、ボディワーク的な要素がかなり強いものだったようだ。

つまり幼少期から成長期にかけてのゴールデンエイジに、浅井哲彦という天才的な空手家がデザインした、最高の英才教育を受けているのだ。その成果は凄まじく、学生時代には部員でもないのに助っ人として陸上の大会に出場し、上位入賞してしまうほどの身体能力を発揮していたらしい。

さすがに武術家仲間にも、ほしみんに秘められた巨大な身体知が透けて見えるのだろう。ほしみんに対しての接し方だけ、他と少し違う気がする。「普通の人と根本的に異質だ」と本能レベルで察しているのだろう。菊野先生は「か弱い化け物」と称したが、それは僕たち武術家界隈共通の認識ではないだろうか。

そのほしみんが近年指導し始めた浅井流鞭拳（むちけん）空手は、武術界に新しい潮流をもたらすくらいの可能性があると思う。浅井哲彦師の空手のエッセンスが凝縮しているだけでなく、ほしみんのような小柄な女性に適した形にカスタマイズされている。

多くの徒手格闘は身体の大きな人が有利にできているが、鞭拳空手はむしろ小ささと軽さが、強力な武器になるようにできているのだ。それをまさに体現するほしみんのキレのある動きには、かなりの説得力がある。

特に浅井流鞭拳空手の体捌き「転身」は目にも留まらぬ早業だ。目の前で披露してくれたにもかかわらず、あまりの速度に全く目が追いつかなくて、後で動画を何度も見返したほどだ。

それと浅井流鞭拳空手には、なんだか不思議な爽やかさがあるように思う。浅井哲彦先生のお人柄や、遊びを通して空手を身につけたという経緯が関係しているのかもしれない。

そんなほしみんだが、空手家として知られるようになったのはつい最近のこと。坂口拓ちゃんの提案で公表するまではずっと「空手をやっていると口外してはならない」という父の言いつけを守って秘密にしていた。

本業は俳優であり、映画プロデューサーやアクションコーディネーターとしても長年の実績を積んでいる。また後進育成の一環として定期的にアクション映画を制作しているのだが、その映画に僕に出てほしいという。

僕はフリーランスとして下積みが長かったこともあって、よほどの悪条件でない限り、ひとまず依頼を受けてしまう。そのうえで、自分に何ができるか考えるという習性が染み付いている。たださすがに今回は、僕だけでは心もとなかった。誰か頼れる仲間がもう一人ほしい。そこで閃いたのが合気道家・白川竜次だった。鞭拳空手の鋭い打撃、システマの軍事格闘、これに世界を魅了した合気道の鮮やかな投げ技が加われば、対比としてかなりおもしろくなるはずだ。

また、武術家としてだけでなく、仕事仲間としても信頼できる気がした。映画制作という未知のフィールドでは当然、慣れないことや初めてのことに挑まねばならないこともあるだろう。白川先生ならそんな時も尻込みせず、乗り切ってくれるだろうと思ったのだ。

合気道家・白川竜次という名刀

白川先生と初めて会ったのも、やはりYouTubeでのコラボ撮影だった。かつて合気道の専門誌『合気ニュース』でシステマが「ロシアの合気道」と紹介された記事を通じて、システマを知っていたという。

白川先生との初コラボの時。その華麗な合気道の奥底には、煮えたぎるような情熱を感じた

実際に合気道の技を受けた感想は「精度の鬼」である。とにかく精度が高い。必要な部位に必要な角度で必要な強さだけ、力をかけてくるのだ。処女作となる書籍『美しい合気道』（KADOKAWA）を発表したが、その美しさとは外見的な意味だけでなく、精密機械のような機能美であるように僕は思う。

ただ試合のない合気道において、動きをそこまで磨き上げる原動力となっているのは何なのだろうか。通常なら段位取得が目標となるだろう。演武会での拍手や、合気道の稽古そのものへの愛情がモチベーションの人もいるのではないだろうか。でも白川先生の動きには、それらのどれをも超えた異なる理由があるように思えてならない。

おそらく白川先生は、世の中を向こうに回して戦い続けている。世の中の理不尽に対する怒りが、稽古の原動力となっているのではないだろうか。激しい怒りを秘めつつ、怒りとして発散するのではなく、「美しい合気道」として昇華する。これは生半可なことではない。本来の白川先生は、サバンナで象やライオンすら避けて通るといわれるラーテルのように凶暴な人物だろう。その点においては達人界隈でもダントツだと思う。

野口晴哉は「嗜みにこそ美がある」と言っていた。もともとおとなしい人が静かにしているだけでは、美しさは生まれない。活力に溢れた者がその活力のままに暴れているのも同様だ。本当の美しさとは、根源に煮えたぎるような情念を秘めた者が、そっと内面に抑えた時に漏れ出すものである。内側に煮えたぎるマグマを秘めつつも、その熱気を一切感じさせない静寂をたたえた時に、真の美がにじみ出るのだ。

それがまさに白川竜次の「美しい合気道」の真骨頂であろう。白川先生はコラボした際の対談で、こう語っていた。

「まずは基本となる型を徹底的にやりこむこと。プレーンのドーナツをおいしく作れなければ、他の味のドーナツもおいしく作れないのと同じ」

白川先生は合気道開祖の植芝盛平師だけでなく、二代目の吉祥丸師も非常に深くリスペクトしている。それは合気道の型をまとめ上げたからであり、白川先生自身もその型によって開花したからだ。

合気道は白川竜次にとっての刀ではなく、白川竜次という日本刀を収める鞘だ。そう評したのは精神科医の名越康文先生だけど、けだし至言だと思う。合気道という素晴らしい鞘を得たからこそ、白川竜次という屈指の名刀が誕生したのだろう。

それにしても白川竜次の武術家としてのポテンシャルもまた計り知れない。それはヤッチくんチャンネルの「達人トーナメント」と敬天愛人のエキシビションマッチで二度、グラップリングマッチを戦った僕はよくわかる。もし合気道ではなく格闘家としての道を歩んでいたとしても、日本を代表する選手となっていたに違いない。

そんな白川先生を、新作映画のメインキャストに迎える。この案にほしみんは即、賛同してくれた。とはいえ白川先生は多忙の身である。仙台に常設道場を持ち、海外にもセミナー講師として頻繁に招かれている。それでも白川先生の力を借りたいと、ほしみんがダメもとでオフアーをしたところ、まさかの二つ返事での快諾だった。

こうして僕、ほしみん、白川竜次の三人という、この後、長く付き合うことになるチームが結成されたのだ。

◇達人の条件⑭……………

「未知を恐れない」

「相手を活かす」映画撮影

武術はともかく、カメラの前での演技に関してはまるっきり素人である。そのため僕と白川先生はテアトルのスタジオに通って連日、何時間も演技とアクションの稽古に費やすことになった。白川先生なんて稽古のたびに仙台から上京するという熱の入れようだ。

演技の稽古はオンラインでも多少は補えるが、アクションはそうはいかない。だから長い時

映画『叢雲（むらくも）〜ゴースト・エージェンシー』の撮影現場で
（右から虎牙氏、著者、白川先生、ほしみん）

は朝から晩まで、ぶっ通しで稽古することになる。それでも素人を銀幕に耐えうるレベルにもっていくには全然足りないのだけど、なんとか乗り切ることができたのはやはり、原田光規監督の力が大きい。

原田監督は俳優向けワークショップの人気講師ということもあり、演技の指導に長けていた。素人の僕にもとてもわかりやすく、演劇の表現について教えてくれた。また共演者の虎牙光揮さんや脇知弘さん、そして娘役の竹井咲希さんといった共演者の支えがあってのものだ。

ほしみん、虎牙さん、そしてハヤテさんや拓ちゃん。身近なアクション俳優に共通するのは全員、武術にも通じているということ。虎牙さんもアメリカのボクシングジムを渡り歩いて名トレーナーたちの指導法を学び、自身もプロ選手を育成するほどのトレーナーである。

僕がアクション映画に出ることになってから、彼らは武術をどのようにしてアクションに落とし込めば良いのかを、とても丁寧に教えてくれた。それぞれやり方こそ異なるが、異口同音に言うのが「相手を活かす」ということだ。

アクションは共演者があってのもの。あらかじめ手順が決まっているとしてもそう感じさせることなく、その場の咄嗟の判断で行動しているかのような演技が必要だ。自分の動きに細心の注意を払いつつ、相手の良さを引き出していく。真剣な攻防を見せながらも、お互いがより引き立つように、細心の注意を払う。瞬きほどの油断も許されない高速の攻防と、相手に対する最大限の配慮。それを可能にする、言語を超えた非言語のコミュニケーション。

「それって武術の稽古そのまんまじゃないですか」

虎牙さんにそう指摘すると「まさにそう」と、深く頷いた。

人が社会的動物である以上、誰かと対立する状況から決して逃れることはできない。考えてみればアクションもマーシャルアーツも、その宿命に向き合っている点では共通だ。そして武術でもアクションでも、練習相手と息を合わせて調和することで、相乗効果的にレベルアップすることができる。

対立というネガティブな宿命を、成長の糧というポジティブ要因に転換させる術を身につけること。それこそがマーシャルアーツの存在意義だと思う。アクションについてはほんのかじった程度だけれども、その意義を芸能というこれまでとは全く別の方向から見つめることで、再確認することができたように思う。

それにしてもまさか自分が映画俳優としてデビューするとは思わなかった。アクションシーンについては、自身も映画出演の経験があるヴラディミアが、親身に相談に乗ってくれた。また入院中のミカエルもリハーサルの動画を見て、アドバイスを送ってくれた。

「システマを広めるためにタカの行う全てのことに、神の祝福があらんことを」

それがミカエルが僕に個人的に送ってくれた、最期のメッセージとなった。

◇達人の条件⑮……………………

「相乗効果を起こす」

『月刊秘伝』では「達人に会いたい」という僕の不定期連載が始まった。柳川昌弘先生や青木宏之先生といったレジェンド級の武道家たちにお会いし、実際に技を受けさせていただくこともできた。他にも石井東吾先生の師匠であるヒロ渡邉先生や光道（ひかりどう）の古賀武光（ぶこう）、阿部勝利の両師範、剣術家・町井勲師範、護道の廣木道心師範、ヘビー級ボクサー・樋高リオさん、柔道金メダリスト・鈴木桂治さんなどなど、これまで本書で書ききれないほどの多くの素晴らしい先生たちから技を受けることができた。

刀禅の小用茂夫師や麻雀で20年無敗という桜井章一・雀鬼会会長といったYouTubeでのコラボや取材ではなく、プライベートでお会いした方も多い。僕は技を受けた経験だけで言えば、日本屈指といえるのではないだろうか。

映画『叢雲（むらくも）』が縁となって、パワーレンジャーや仮面ライダーシリーズなど、特撮アクションで世界的に有名な坂本浩一監督の作品への出演も決まった。縁はさらに広がり、これからも無数の出会いがあるだろう。

そうやって得た感触の全てが、僕の身体には刻まれている。宇城憲治先生は「百聞は一見にしかず、百見は一触にしかず」と言ったが、真実だと思う。僕の技はこれまでに受けさせていただいた、有名無名問わず、多くの人の技によって成り立っている。達人だけではない。一緒に稽古した先輩、仲間や生徒たちの技も然りだ。みなそれぞれ感触が異なり一人として同じ人はいない。人間とはなんて多種多様なのだろう。

どんな武術も格闘技も目指すところは一つ。そういう考え方がある。僕自身はその考えを否定的に捉えている。なぜなら、他の流儀に接した時に「それはうちの〇〇と同じだ」という安易な同定を生んでしまうからだ。

それは、かりそめの満足感と引き換えに、自分の可能性を狭めてしまう。もしかしたら全ての流儀が辿り着く絶対的真理というものがあるのかもしれないけれども、とりあえず「ない」と仮定しておくほうが安全だ。ただもしかしたらこれが真理かな？　と思い当たることが一つだけある。それは幸せの希求だ。

武道・武術・格闘技を問わず、なぜ稽古に励むのか。詰まるところそれは、幸せになりたいからだ。幸せのかたちは人それぞれだ。稽古による成長や目標達成の場合もあるし、試合での勝利や、あるいは稽古に取り組むことそのものが幸せであることもあるだろう。だがいずれも「幸せ」を希求していることには違いない。その人にとっての幸福感があるからこそ、何十年も飽きずにずっと稽古し続けるのである。

そうやって幸せを希求していくうちに、あることに気づく。人は一人では幸せになれない、ということだ。マーシャルーアーツは対人関係の縮図だ。だから必ず他者を必要とする。師や、稽古相手、ライバル、対戦相手などなど、何らかの形で必ず他者と向き合うことになるし、支えてくれる家族や仲間の力も計り知れない。

もし自分本位な振る舞いで周囲を傷つけてばかりいては、いずれ誰からも助けてもらえなくなり、自らの進む道さえも閉ざしてしまうだろう。達人はそのことを熟知している。だから稽古が進むほど、自らを押し上げてくれた人々への感謝が込み上げてくる。

その一番の恩返しは、自らがさらに先へと進むこと。そしてその過程で得た果実をシェアすることだ。この思いは、僕がYouTubeなどを通じて知り合った「達人」たちに共通しているように思う。だからこそ、表に出てきたのだ。

「ホンモノは裏に潜んで決して表に出てこない。だからYouTubeで出てくる『達人』たちはニセモノだ」なんて意見もあるだろう。たしかに世の中にはまだまだ表に出てこないすごい人たちが大勢いるに違いない。

ただ僕がこれまで会った達人たちは皆それぞれの幸せをつかんでいた。そしてそれを伝えることで幸せな人を増やし、より明るい世の中にしようとしている。つまり世界をより良くするために戦っている。その意味ではまごうことなき本物の武術家であると、僕は断言できる。

◇達人の条件⑯……………「幸せをシェアする」

世界の呼吸を深くする

「健康な戦士は不健康な戦士を圧倒する」

僕がミカエルから受け継いだシステマ。それは人を救う力を持つ。ほんの少し、ほんの1ミリほどでも人々の呼吸が深くなれば。人と人は共鳴する。呼吸の深い者がいれば、その周囲の人の呼吸も少し、深くなる。そうやってシステマの呼吸が人から人へと伝染し、パンデミックを起こす。その呼吸のパンデミックこそが、僕の目標だ。

それが広がりきった頃にはもしかしたら、システマの名前もミカエルの名前も忘れられているかもしれない。ごく当たり前にそこにあるものにしばしば名前がないように、ごく当たり前に深い呼吸が行われるようになれば、その呼吸から名前は失われる。

でも僕が残すべきは、名ではなく知恵だ。だから名前が残らなくても構わない。大事なのは、世界は今より少し良くなることだ。それでも人々は相変わらず悩んだり、苦しんだりしているだろうけれども、自分のことをもう少し強く信じられていると思う。その自信が困難を超える力となるはずだ。そういう力を当たり前にみんなが持つ世界を、次の世代へと残したい。

僕が「武道」の存在を知った町道場はとうの昔に跡形もなくなった。その敷地は今、地元の人で賑わうスーパーマーケットになっている。受け継いだ価値ある教えを、自分たちの代で途絶えさせるわけにはいかない。だからこそ現代の「達人」たちは今日もネットに動画を投稿するのだ。

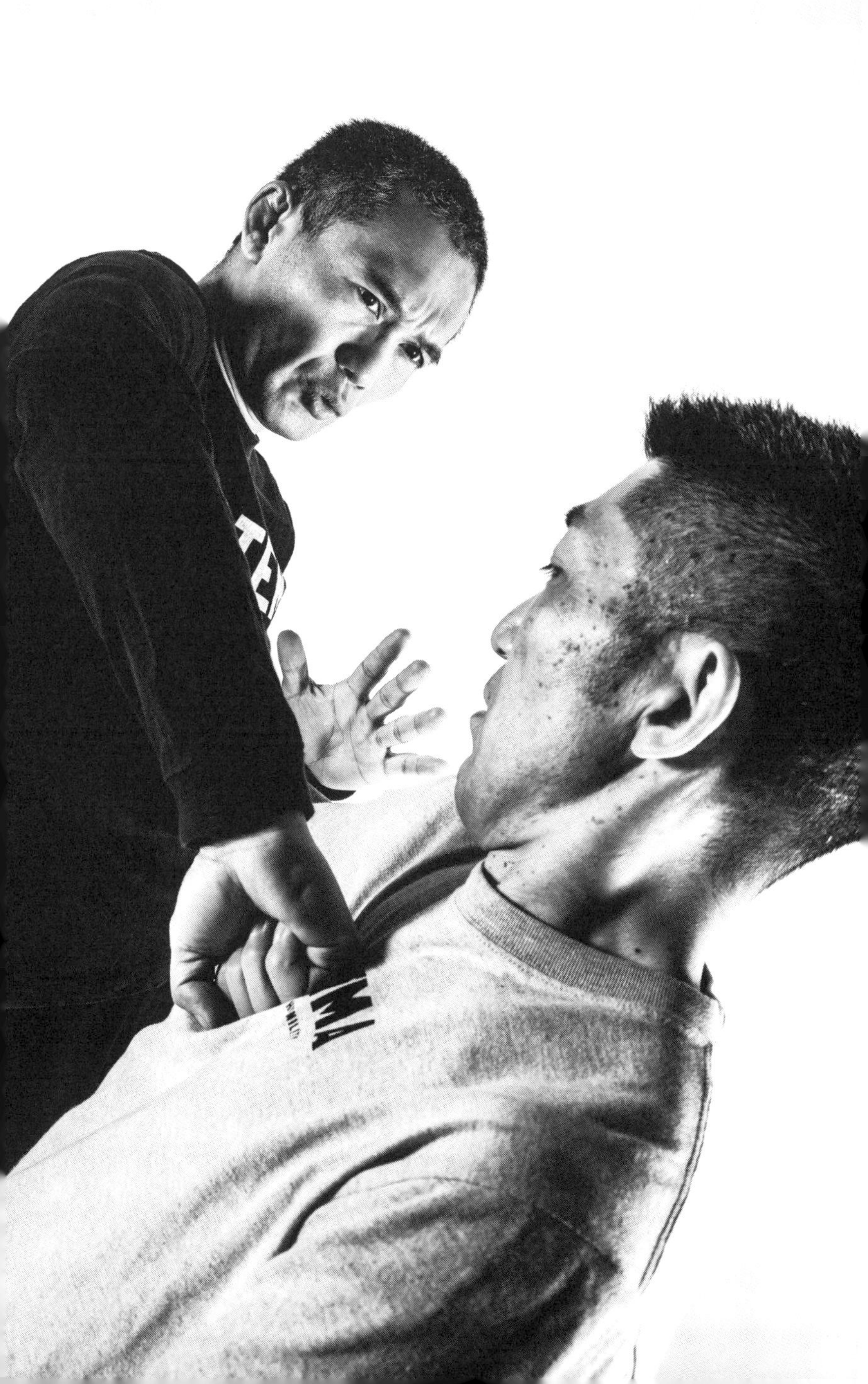

おわりに

本書を書いているさなかに、システマ創始者・ミカエル・リャブコが早逝した。僕の師であると同時に、実の親以上に親といえる存在だった。享年61歳。もともと闘病生活をしていたこと、およそ1ヶ月前から容態がかなり悪いとは聞いていたため、覚悟はしていた。

ミカエルは敬愛する神父のもとで正教徒を天国へ送り出す儀式を全てやり終え、家族に看取られて逝ったという。今際の際までいつも通り静かで、苦しげな声一つあげることはなかったらしい。

日本でいう四十九日のような式典がロシアでは四十日目に行われるというので、僕はそれに参列した。戦争の最中とあって、西側諸国からの唯一の参列者となった僕を皆が歓迎してくれた。

ミカエルは亡くなってもなお、不思議な人物だった。参列者たちは大切な人を失った悲しみでさぞかし落胆しているかと思いきや、ミカエルの思い出話に花を咲かせているうちに笑顔になってしまうのだ。その柔和な笑顔で会う人皆をリラックスさせていた、ミカエルらしい式日となった。

ミカエルの逝去を境に、システマは「創始者なき時代」に入ることになる。創始者がいる間は、わからないことがあれば創始者本人に聞けば良かった。今抱えている疑問、これから抱えるであろう疑問。それら全てをミカエルにぶつけ、答えを引き出し、記録しておくことができた。

でもこれからは、ミカエルの遺産をできるだけ良い状態で残すことが使命となる。さらに表面的な言葉や技ではなく、その本質的な部分を時代の変化に合わせつつ、伝えていかなければいけない。僕たちがシステマで助けられたのと同じように、後世にもシステマで助かる人がいるはずだからだ。

ミカエルが眠る場所で

そういう考えで行動していたら大勢の人たちと出会った。本書で取り上げた達人たちはもちろん、生徒や仲間など僕に経験と知恵を授けてくれた人を挙げれば枚挙にいとまがない。僕はその全ての人たちに心から感謝したい。

また末筆ながら、本書執筆にあたっては私の遅筆でかなりの迷惑をかけてしまったことについて編集者にお詫びする。本書が少しでも読者の人生を祝福するものとなれば幸甚だ。

システマ東京代表　北川貴英

システマ創始者・ミカエル・リャブコと（2010年）

著者◎北川 貴英 きたがわ たかひで

システマ東京代表。モスクワ・トロント両本部公認システマインストラクター。2008年、モスクワにてミカエル・リャブコ師より公認インストラクターに認定。著書に『システマ入門』（BABジャパン）、『最強の呼吸法 システマ・ブリージング』（マガジンハウス）、監修書に『人生は楽しいかい?』（夜間飛行）、DVDに『システマ式超回復メソッド 最強の整体』、『浸透する力』（共にBABジャパン）等多数。出演映画『英雄傳』（監督：坂本浩一）が2025年公開予定。

システマ東京
https://www.systematokyo.com/

システマ東京チャンネル
https://www.youtube.com/@TOKYOSYSTEMA

装丁デザイン● やなかひでゆき
カバー写真● JUMPEITAINAKA
本文デザイン● Re-Cre Design Works
本文イメージ写真● 保高幸子
撮影協力● 近藤豊　伊藤烈
本文写真提供● 北川貴英
編集協力● 加藤聡史

達人の条件

16か条に学ぶ「達し続ける」知恵

2024年10月5日　初版第1刷発行

著　者　北川貴英
発行者　東口敏郎
発行所　株式会社BABジャパン
〒151-0073 東京都渋谷区笹塚1-30-11　4・5F
TEL　03-3469-0135　FAX　03-3469-0162
URL　http://www.bab.co.jp/
E-mail　shop@bab.co.jp
郵便振替 00140-7-116767
印刷・製本　中央精版印刷株式会社

ISBN978-4-8142-0523-3 C2075

日本人公認システマインストラクター・北川貴英から学ぶ!!

今より強くなるリラックスの技術

DVD　システマ東京 北川貴英 浸透する力

力任せでは突破できない、境界線の向こうへ行く方法！武道格闘技を愛好する男性だけではなく、心身の健康を求める女性にも人気がある武術を元にしたトレーニングシステム「システマ」。その指導者として注目を集めるシステマ東京・北川貴英先生が、すぐに実践できるシステマのトレーニング法を惜しみなく解説。

●指導・監修：北川貴英　● 80 分　●本体 5,000 円＋税

極限状態でも高い心身能力を発揮する

DVD　システマ式超回復メソッド 最強の整体

戦場を生き抜く真の戦士は、強さより「健康」を目指す！「健康な戦士は、不健康な戦士を圧倒する」ロシア軍特殊部隊将校が創始し、かつては軍事機密とされてきたロシア武術・システマ。現在はマーシャルアーツ（格闘術）の枠組みを超え、心身の優れた【コンディショニング法】としても愛好されています。

●指導・監修：北川貴英　● 91 分　●本体 5,000 円＋税

最強の呼吸法　システマブリージング

DVD　システマブリージング超入門

鼻から吸い、口から吐く、だけ！確実に効果を実感できる呼吸法エクササイズ!! システマ式呼吸法は非常に有効な心身トレーニング技術として注目されています。簡単かつすぐ出来る数々のエクササイズを通して「タフでしなやか」そして「ストレスから迅速に回復」できる体と心を手に入れましょう。

●指導・監修：北川貴英　● 74 分　●本体 5,000 円＋税

敏速かつ自由、驚異の実用性 ロシア式軍隊格闘術

DVD　システマ入門 VOL.1

使えるリラックスを速習するメソッド、4 原則が生む無限の可能性 !! 日本武術界で近年注目を集めるロシア式軍隊格闘術――システマ。ロシアの特殊部隊で開発され、現在各国の軍事・治安機関が採用するこの実戦格闘術の実際を、システマの根幹――「四つの原則」を中心に全 2 巻に渡り丁寧に指導・解説していく。

●指導・監修：北川貴英　● 90 分　●本体 5,000 円＋税

敏速かつ自由、驚異の実用性 ロシア式軍隊格闘術

DVD　システマ入門 VOL.2

響く打撃の打ち方・受け方を速習する、4 原則が生む無限の可能性 !! 日本武術界で近年注目を集めるロシア式軍隊格闘術――システマ。ロシアの特殊部隊で開発され、現在各国の軍事・治安機関が採用するこの実戦格闘術の実際を、システマの根幹――「四つの原則」を中心に全 2 巻に渡り丁寧に指導・解説していく。

●指導・監修：北川貴英　● 60 分　●本体 5,000 円＋税

日本人公認システマインストラクター・北川貴英　関連DVD

武術達人になるための超打撃セミナー
DVD　６つの衝撃

影武流、躰道、システマ、剛柔流、秀徹、浅井流鞭拳空手、６つの武術がこれ１枚に凝縮！流派団体を越えた技術交流で人気を集める、６人の若手武術指導者たちが１日限りの特別セミナーを開催。テーマは【衝撃】。

●指導：雨宮宏樹、中野哲爾、北川貴英、ハヤテ、藤原将志、浅井星光
● 116分　●本体5,000円＋税

初心者でも、生還率が一気に上がる！
DVD　大切な人を守るための警護術

危険を感じ取る感覚を磨く、不審人物をさりげなく排除する、群衆から抜け出す、etc...。友人、恋人、家族など、大切な人が突然の危機に巻き込まれた時あなたは無事に助け出すことができるでしょうか。その知識と訓練法をシステマの最高位指導者、ヴラディミア・ヴァシリエフ先生が惜しみなく指導!!

●指導：ヴラディミア・ヴァシリエフ　● 72分　●本体5,000円＋税

武術の神秘的な現象を解き明かす
DVD　システマ 触れずに倒す

自信に満ちた動きが、相手に恐怖を呼び起こす。日本の武術では合気・遠当てなどといわれる、触れずに相手を倒す神秘的な技法（触れることなく相手を制する技術）を、ロシアの武術・システマが解き明かす特別セミナーDVD！

●指導・監修：ミカエル＆ダニール・リャブコ
● 126分　●本体5,000円＋税

正しい姿勢が導く柔らかでパワフルな動き！
DVD　システマ槍術

内面の理解とコントロールを、創始者ミカエル師の槍を始めとした武器のワークを通して学習。 武器そのものが持つ力を感じ、姿勢を正し、緊張を抜くことを第一に動くことで、居着くことのない武器と一体となった自由な心身を養っていきます。

●指導：ミカエル・リャブコ＆ダニール・リャブコ　監修：北川貴英
● 148分　●本体5,000円＋税

システマ式剣術の体得
DVD　システマ剣術

３枚組計240分以上!!ミカエル師による「コサック由来の剣・シャシュカ：武器の操作」を主題とした“計３日間”の特別セミナーを丁寧に収録！武器の重さを消し、その導きに従う——。自由かつ合理的な型のない武器と体の使い方とは！

●指導・監修：ミカエル・リャブコ＆ダニール・リャブコ
●３枚組計242分　●本体7,000円＋税